schallllllllaburg

KIND
SEIN

Residenz Verlag

Herausgeber: Schallaburg Kulturbetriebsges.m.b.H.

Verlag: Residenz Verlag
www.residenzverlag.com

Konzept und wissenschaftliche Leitung: Dominik Heher

Redaktion: Dominik Heher, Theresa Höfler, Andrea Tavčar-Schaller, Judit Zeller

Grafische Gestaltung: farbfabrik – Philipp Putzer

Interviews: Renate Woditschka, Andrea Tavčar-Schaller (redaktionelle Bearbeitung)

Illustrationen: Cristóbal Schmal

Lektorat: scriptophil. die textagentur

Druck: Samson Druck

Gesetzt in: Guyot Press; Noi Grotesk Flex

Gedruckt auf: Peydur Neuleinen, Pergrafica Classic Smooth

1. Auflage
© 2023 Schallaburg, Schallaburg Kulturbetriebsges.m.b.H.
Alle Rechte vorbehalten

ISBN
978-3-7017-3590-7

Bibliografische Information der Deutschen Nationalbibliothek
Die Deutsche Nationalbibliothek verzeichnet diese Publikation in der Deutschen Nationalbibliografie; detaillierte bibliografische Daten sind im Internet über http://dnb.dnb.de abrufbar.

Der Herausgeber dankt den Eigentümerinnen und Eigentümern der Kunstwerke sowie den Inhabern der Urheber- und Werknutzungsrechte für die Zustimmung zur Vervielfältigung, Veröffentlichung und Verwertung im Rahmen dieser Publikation.

Für die Schallaburg Kulturbetriebsges.m.b.H. ist Nachhaltigkeit ein wichtiger Maßstab ihres Handelns. Deshalb achten wir auch bei der Herstellung dieses Werkes ganz besonders auf umweltfreundliche, ressourcenschonende und schadstofffreie Produktionsweisen und Materialien.

Gedruckt nach der Richtlinie „Druckerzeugnisse" des Österreichischen Umweltzeichens, UW-Nr. 837

ERLEBNISWELT SCHALLABURG

Spannende, abwechslungsreiche Ausstellungen am Puls der Zeit, ein belebter Arkadenhof, pure Entspannung im Schlossgarten, Bogenschießen und Air-Badminton in der historischen Spielstätte sowie kulinarische Highlights im Restaurant – das ist für mich die Erlebniswelt Schallaburg.

Die Schallaburg zählt zu den angesehensten und erfolgreichsten Ausstellungszentren Österreichs. In ihrer Ausstellung „Kind sein" würdigt sie einen Lebensabschnitt, den wir alle kennen, anders erleben und mit unterschiedlichen Erinnerungen verknüpfen. Kindern gehört unsere Zukunft! Wie wir als Gesellschaft mit unseren Kindern umgehen, sagt sehr viel über uns aus – keine Zeit prägt uns so sehr wie diese. Wir waren alle einmal Kinder, und für unsere Eltern werden wir es auch immer bleiben.

Im Spannungsfeld von Familie und Gesellschaft ist es nötig, das Kindsein immer wieder neu zu verhandeln. Im eigens konzipierten Gesprächslabor „Jetzt verstehen wir uns!" erarbeiten unterschiedliche Altersgruppen sprachliche Werkzeuge für eine verständliche und respektvolle Kommunikation, die Generationen verbindet. Damit leistet die Schallaburg einen wichtigen Beitrag zum Zusammenleben. Was wir über das Kindsein zu wissen glauben, befindet sich in ständiger Veränderung.

Als Landeshauptfrau von Niederösterreich lade ich Sie sehr herzlich auf die Schallaburg ein, um unsere Welt wieder mehr mit Kinderaugen zu sehen!

Johanna Mikl-Leitner

Kindsein ist etwas, was uns alle betrifft – einerlei, ob wir jetzt gerade Kind sind oder ob unsere Kindheit schon ewig lang zurückliegt, ob wir Kinder haben oder uns wie Kinder fühlen. Insofern hat es uns selbst ein wenig überrascht, dass wir mit unserem Ausstellungsthema Neuland betreten. Natürlich gab und gibt es hervorragende Ausstellungen zum Kind in der Kunstgeschichte, zu historischem Spielzeug und selbst zu Kindermöbeln. Aber eine Schau, die sich zum Ziel setzt, unseren ersten Lebensabschnitt für sich durch einen epochen- und genreübergreifenden Zugang zu würdigen, gab es noch nicht.

Der Zeitpunkt dafür könnte passender nicht sein, denn das Bild vom Kind scheint aktuell besonders intensiv neu verhandelt zu werden – auch in den Medien. Zwar haben Kinder zumindest in unseren Breiten mehr Rechte und eine bessere Grundversorgung als je zuvor. Doch die Covid-19-Pandemie hat das Leben der Kinder weitaus stärker beeinträchtigt als jenes der meisten Erwachsenen und aufgezeigt, wie schwach die Lobby der Kinder ist. Es sei hier angemerkt, dass Österreich die UN-Kinderrechtskonvention 1992 ratifizierte, in der gefordert wird, jede politische Entscheidung auf ihre Konsequenzen für das Wohl der Kinder zu überprüfen. Theoretisch. In den Verfassungsrang schafften es 2011 nur jene Paragrafen, die dem Schutz und der Fürsorge gelten, während Bereiche wie Bildung, Freizeit und Umwelt ausgeklammert wurden. Und so werden Kinder selbst aktivistisch tätig, weil sie sich nicht gehört fühlen. Jede Verantwortung auf die Politik abzuwälzen, wäre jedoch falsch. Die Pandemie hat nämlich auch die Welten der Erwachsenen und der Kinder gezwungenermaßen wieder stärker zusammengeführt, für Berührungs- und Reibungspunkte gesorgt. Jeder und jede Einzelne sei daher aufgefordert, sich öfter einmal in die Rolle eines Kindes zu versetzen – einen Perspektivenwechsel zu vollziehen. Und genau das wollen wir mit unserer Ausstellung bezwecken.

Das Schlagwort „Kind" weckt bei uns allen unweigerlich sehr unterschiedliche Assoziationen, die vor allem durch unsere eigene Kindheit geprägt sind. Diese beeinflusst auch das Bild, das wir von Kindern haben, und wie wir mit ihnen umgehen. Ebenso individuell ist die Erwartung, die wir an Kinder, Eltern, Gesellschaft, Politik und wohl auch an eine Ausstellung haben, die den bewusst weit gefassten Titel „Kind sein" trägt. Wir haben daher eine Schau konzipiert, die den individuellen Erfahrungen der Besucherinnen und Besucher, ob groß oder klein, Raum bietet und auf verschiedenen Ebenen zum Reflektieren einlädt.

So gehen die zwölf Kapitel der Ausstellung jeweils von einer Behauptung aus, was es heißen kann, Kind zu sein. Sie sind paarweise zusammengefasst, um jeweils zwei Facetten eines Themas aufzugreifen, etwa „Kind sein heißt: Die Welt mit anderen Augen zu sehen" bzw. „Mit anderen Augen betrachtet zu werden". Dass diese Aussagen zeitlos sind, zeigt sich durch die Auswahl von Exponaten aus mehr als zwei Jahrtausenden Menschheitsgeschichte. Sie bezeugen, wie veränderlich das Bild von Kindern und der Umgang mit ihnen ist.

Von zentraler Bedeutung ist es bei diesem Thema aber vor allem, über die Kulturvermittlung persönliche Zugänge zu schaffen und Fragen aufzugreifen, die sich im Umfeld der Besucherinnen und Besucher ergeben. Gesprächsreihen wie das neue Format „Arkadenhof-Gespräch" oder der „Erzählsalon" mitten in der Ausstellung unterstreichen deren Relevanz und Gegenwartsbezug. Sie werden zur Beziehungsarbeit mit unseren Gästen. Im Gesprächslabor „Jetzt verstehen wir uns!" vermitteln wir sprachliche Werkzeuge für eine gute Kommunikation miteinander.

Interaktive Stationen und diverse Installationen laden dazu ein, sich mit Aspekten der eigenen Kindheit auseinanderzusetzen – ob man sie nun gerade erlebt oder sie schon längst hinter sich hat. Wobei: Hören wir wirklich jemals ganz auf, Kinder zu sein? Und wenn ja: Wollen wir das überhaupt? „Nur wer erwachsen wird und Kind bleibt, ist ein Mensch", schrieb Erich Kästner einst. In diesem Sinne ist unsere Ausstellung auch als Appell zu verstehen, die Welt zum einen wieder einmal mehr mit den Augen eines Kindes zu sehen und Kindern zum anderen ihre Einzigartigkeit und ihre Stärken vor Augen zu führen.

Peter Fritz, Dominik Heher

EINLEITUNG

Liebe Leserin, lieber Leser,

dieses Buch erscheint anlässlich einer Ausstellung. Und doch werden Sie schon nach wenigen Seiten bemerken, dass Sie keinen klassischen Ausstellungskatalog in Händen halten. Ziel dieses Buches ist es nicht, die Gesamtheit der gezeigten Exponate zu dokumentieren. Und doch wollen wir das Wesen der Ausstellung, ihre Struktur und Ästhetik, aber auch ihre Stimmung und Haltung einfangen und ins Medium Buch übersetzen. Um diesem Anspruch zu genügen, musste vieles neu gedacht und arrangiert werden. Das Rückgrat bilden – wie auch in der Ausstellung – zwölf Kapitel, deren Titel bewusst offen formuliert sind. Sie bilden den Bezugspunkt für Assoziationen aus sehr unterschiedlichen Perspektiven:

Den Auftakt macht jeweils ein literarischer Beitrag, der von einem Exponat der Ausstellung inspiriert ist. Dass wir für diese Texte zwölf so namhafte Autorinnen und Autoren gewinnen konnten, ist keine Selbstverständlichkeit, zumal die Aufgabenstellung keine leichte war: Als Impuls stellten wir lediglich den Titel des Kapitels und das Foto eines Ausstellungsexponates zur Verfügung. Die Annäherung an das Objekt sollte ohne inhaltliches Briefing erfolgen, assoziativ, unbelastet vom konkreten historischen Kontext. Wenn man so will: mit kindlicher Naivität im besten Sinne des Wortes. Und so fügten sich Erinnertes, Erlebtes, Beobachtetes, Recherchiertes und Fabuliertes zu einem wunderbaren Mosaik aus Texten, die inhaltlich, stilistisch und konzeptionell unterschiedlicher kaum sein könnten. Auf Grundlage dieser Texte schuf schließlich der Illustrator Cristóbal Schmal fantasievolle Szenerien, in die Fotos der Exponate eingebettet sind. Diese Illustrationen markieren den Beginn jedes Kapitels.

Man würde den impulsgebenden Exponaten jedoch nicht gerecht werden, verbannte man sie gänzlich ins Reich der Fiktion. Immerhin handelt es sich um Gegenstände, die herangezogen werden können, um verschiedene Facetten des Kindseins heute und einst zu illustrieren. Auf jeden literarischen Beitrag folgt deshalb ein Essay aus meiner eigenen Feder, der das Kapitelthema in einen breiteren Kontext stellt, in Wort und Bild mit ausgewählten Exponaten der Ausstellung illustriert. Diese Texte sind das Ergebnis zahlreicher Gespräche, die ich mit Expertinnen und Experten aus verschiedenen Disziplinen führen durfte. Unabhängig von seriöser Recherche sind sie in ihrer Schwerpunktsetzung aber unweigerlich auch von meinen eigenen Erfahrungen als ehemaliges Kind und als Vater beeinflusst.

Nun haftet mir als Ausstellungskurator leider der unwiderlegbare Makel an, kein Kind mehr zu sein. Zumindest meistens nicht. Daher kommen im dritten Abschnitt eines jeden Kapitels endlich diejenigen zu Wort, die als Einzige wissen können, wie es sich heute anfühlt, Kind zu sein: Im Vorfeld der Ausstellung luden wir Kinder zum Gespräch über verschiedene Aspekte der jeweiligen Kapitel. Filmisch festgehalten, wurden die Interviews zu einem tragenden Element sowohl der Ausstellung als auch dieses Buches – eine Art Zeitzeugenkommentar, subjektiv zwar, aber authentisch.

Im vierten und letzten Abschnitt sind weitere Elemente versammelt, die sich mit dem Kapitel assoziieren lassen, von aktuellen Statistiken über Auszüge aus der UN-Kinderrechtskonvention bis hin zu kreativen Anregungen und konkreten Impulsen, über Aspekte der eigenen Kindheit nachzudenken.

Was heißt es also, Kind zu sein? Wer sich pauschale Antworten erwartet, möge sich bereits an dieser Stelle darauf einstellen, enttäuscht zu werden. Es ist Zielsetzung weder der Ausstellung noch dieses Buches vorzugeben, welches Bild man von Kindern haben sollte, was man ihnen zutrauen kann, wo Schutz beginnen und wo Freiheiten enden sollten, wie Kinder zu erziehen und zu bilden seien. All das sind Fragen, die Sie, liebe Leserin und lieber Leser, für sich selbst überlegen oder – noch besser – gemeinsam mit Kindern diskutieren müssen.

Dominik Heher

Inhalt

Kind sein heißt: Die Welt mit anderen Augen zu sehen.

Julya Rabinowich

Vom Erreichen der kritischen Knetmasse

Imaginärer Freund eines Kindes → S. 19

Ein Kind kennt keine Grenzen. Alles, was sich ihm öffnet, ist Offenbarung. Alles, was sich ihm verschließt, ist Geheimnis. Die Welt, die vor ihm liegt, ist eine Landkarte, die zugleich weiß und schreiend bunt wie die Farben des Regenbogens ist, der sich über einer Nebeldecke spannt. Ein Kind ist unbesiegbar und verletzlich, sensibel und brutal, in einem Kind lauern tausend Eigenschaften, die sich nicht zwingend zeigen und schon gar nicht eindeutig entfalten werden. Ein Kind ist eine Überraschungstüte. Ein Kind ist ein Knallkopf. Ein Kind ist ein Superheld, eine Superheldin. Wenn es die Augen schließt, kann es fliegen. Ein Kind lässt sich durch bunte Schlecker korrumpieren, ein Kind bleibt seinen Idolen treu, solange kein besseres Idol auftaucht, ein Kind ist nicht sentimental, weil es um die Endlichkeit noch nicht Bescheid weiß, und solange es nicht um diese Endlichkeit Bescheid weiß, ist jedes Kind unsterblich.

Ein Kind ist aus der Zeit gefallen, seine Gezeiten gehorchen anderen Gesetzen, eine Stunde auf dem Planeten Kind gleicht beinahe einem Jahr auf der Erde der Erwachsenen, wenn es gelangweilt ist. Ein Kind ist Gleichzeitigkeit. Und Zeitlosigkeit. In der innigen Umarmung eines Vaters oder einer Mutter bleibt die Zeit stehen. In einem beherzten Spiel schnurrt der Vormittag zu einem kurzen glückseligen Moment. Alles Zukünftige ist in ihm erhalten. Es ist das, was wird. Es ist das, was reift. Das, was reift, braucht dafür wie alles, was Frucht tragen soll, Zuwendung und Stärkung.

Die Welt, die der Mensch erforscht, öffnet sich am leichtesten dem Homo ludens. Und ein Kind ist ein Perpetuum mobile des Homo ludens. Alles Wachsen ist Spiel, und alles Spiel ist Schöpfung.

Das leuchtende Rot und Gelb der Blätter auf nassem Asphalt ist ebenso Offenbarung wie der Geschmack unbekannter Äpfel, denn so wie Eva kennt ein Kind keinen Apfel, bis die saftige Frucht das erste Mal an seinen Geschmacksknospen explodiert. Das Kosten der Vergänglichkeit beginnt genau genommen schon mit dem ersten Schluck klebrig süßer Milch. Und das Begreifen der Welt ganz wortwörtlich mit dem Abtasten der Gegebenheiten, mit dem Erfassen der Formen, die diese Welt ergeben, mit Berührung, mit Kontakt.

„Mama, ich kann noch nicht gehen, ich muss erst die Hexe begreifen", sagte einmal eine mir persönlich bekannte Vierjährige im Anschluss an ein Puppentheater, und damit war die Plüschfigur gemeint, die man den kleinen Zuschauern und Zuschauerinnen zum Anfassen angeboten hatte.

Man ist ergriffen. Und man begreift.

Um eine Welt zu erschaffen, braucht man also Lust, Mut, Phantasie, alles das, was für das spielerische Erkennen benötigt wird. Man braucht Ungestüm und Fabulierfreude. Das, was man erfasst, ist philosophische Knetmasse neuer Wirklichkeit. Die Knetmasse muss ein kritisches Gewicht entwickeln, um den Schwung aufrechtzuerhalten, den ein kreativer Prozess benötigt. Ein Kind ist ein Kraftwerk, das beständig produziert – Schönheit und Weises und Nonsens. Schönen Nonsens. Weise Schönheit. Wer jemals seinen alten Kinderzeichnungen wiederbegegnet, spürt irgendwo in seinem Inneren das Nachschwingen dieser Schaffensfreude. Bewahrt man diese Bilder auf, kann man sie immer wieder aufsuchen: an verschiedenen Stationen des Lebens. Der Blick auf sie

führt tiefer in den Kaninchenbau kindlicher Wahrnehmung, tiefer, als Alice je stürzen könnte, denn ihr Sturz gründete auf der Phantasie eines Erwachsenen. Das kindliche Schöpfen baut mutig fadenlos betretene Labyrinthe, in deren Mittelpunkt kein stierhaftes Monster, sondern ein kreischend buntes Gummitier wartet, die kindliche Angst versetzt gleichzeitig die Belegschaft der Hölle unter das Bett, wenn das Licht ausgeht. Dazwischen spannt sich die gesamte Bandbreite der zur Verfügung stehenden Imagination. Die Welt will ja nicht nur begriffen und erkundet, sie will erobert werden.

Die Überwindung der Angst öffnet neue Räume und Freiheiten, auch sie ist notwendig, um an der Welt und an sich selbst zu wachsen. Nicht umsonst sind Monster und Chimären ein beliebtes Motiv vieler Kinderzeichnungen – sie werden überwunden, einverleibt, wie man das Herz eines Drachen verschlingen muss, um seine Stärke und Macht zu gewinnen. Alle Kunst ist die Überwindung der Angst vor dem Tod, ja, noch weitergespannt die Überwindung des Todes. Das Monster unter dem Bett ist ein erstes Echo dieser Todesangst. Durch die Neuschöpfung des Monsters zähmt man es und macht es sich zunutze.

Das kindliche Schöpfen baut Escher'sche Bogengänge und setzt Zyklopen in Baströckchen frei. Der Zyklop ist ein unsichtbarer Freund, einer, der nicht geblendet wird – sondern im Gegenteil andere sehend macht. Er bahnt sich den Weg aus dem kreativen Labyrinth einer zweidimensionalen Zeichnung in die begreifbare Wirklichkeit aus Stoff und Dreidimensionalität, ein unsichtbarer Freund nicht länger, sondern ein ganz konkreter Begleiter im Alltag.

Kind sein heißt:

So, wie der Mensch zum Menschen wurde, indem er sich Götter schuf, wird ein Kind zum Meister seiner Ängste, indem es Monster schafft, die es anschließend als beruhigendes Kuscheltier in den Schlaf wiegen. Der Prozess der Schöpfung ist nicht nur spielerische Freude am Erschaffen, nicht nur die Überwindung der Todesangst: Er ist auch ein Heilungsprozess, ein Integrieren von Verdrängtem, ein Wiedereingliedern von Abgespaltenem. Kreativität ist nicht nur Wagnis, sondern auch Heilung. Die Welt wird täglich neu errichtet, sobald ein Kind die Augen öffnet, und sie begleitet es in den tiefen Schlaf der Erschöpfung, die der Schöpfung folgt.

Der Quell, aus dem es schöpft, ist so tief wie die Wurzeln der Menschheit selbst, denn diese Wurzeln reichen hinab in unser aller Vorgeschichte, als der Mensch noch im Undefinierten irrte, sprachlos, bildlos, orientierungslos.

Es ist ein Digital Native (was an sich schon eine recht herausfordernde Sache ist), und es ist gleichzeitig dennoch nur ein Kind, das Halt und Vertrauen benötigt, auf der Datenhochschaubahn ebenso wie im Abenddunkel im Park. Das Kind ist die Verbindung zwischen den weiter oben angesprochenen uralten Schattenwurzeln und der Neudefinition der Gegenwart mit allen ihren rasanten Änderungen, und zwar allein durch den kreativen Springbrunnen, der verlässlich aus jedem Kindskopf hervorbricht, solange man dieses Kind nicht begrenzt, beschämt und verunsichert. Wir kennen alle diese Beschämung und Begrenzung, in jedem von uns lauert irgendwo in tiefen Staubschichten ummantelt die Erinnerung an Häme, an ein vielleicht unbedacht gesetztes falsches Wort, an

einen abschätzigen Blick, die allesamt den fragilen Escher'schen Bau zum Turm zu Babel werden ließen, zu jenem Punkt, an dem das gegenseitige Verständnis nicht mehr ausreicht, zu jenem Punkt, an dem man sich verschließt und erste Bausteine in die Tiefe stürzen, an dem das Grundgerüst ins Wanken gerät. Unter dem Schutt warten immer noch wertvolle Schätze auf ihre Wiederentdeckung.

Wie viele Menschen kennen Sie persönlich, die zu derselben atemberaubenden Schöpfungskraft fähig sind – und wann haben so viele die Verbindung zu diesem Potenzial verloren? In der Schule? Zu Hause? Ein Kind zu erziehen bedeutet doch eigentlich, diese Kreativität zu schützen und zu pflegen, ihr ein Fundament zu geben für viele, viele Jahre des Erwachsenseins; sie soll uns durch unser Leben begleiten, uns ab und zu an der Hand nehmen. Und seien wir ehrlich: Wir alle brauchen hin und wieder einen unsichtbaren Freund, der uns aus unseren Labyrinthen führt. Man muss ihm nur vertrauen.

Julya Rabinowich, geboren in St. Petersburg, entwurzelt und umgetopft nach Wien 1977. Studium der bildenden Kunst, malte und schreibt, vielfach ausgezeichnet, u. a. Friedrich-Gerstäcker-Preis 2018. Zuletzt erschienen: „Der Geruch von Ruß und Rosen" (2023).

Fußabdruck im Sand
Andre Hamann /
Adobe Stock

2010 wurde ein interessantes Phänomen untersucht: Erwachsene und Kinder bekamen Fotos von Reliefs – etwa Fußabdrücken oder abstrakten Symbolen – vorgelegt, die durch Licht und Schatten einen dreidimensionalen Eindruck erweckten. Dann wurden sie danach gefragt, ob es sich dabei jeweils um Erhöhungen oder Vertiefungen handle. Alle Erwachsenen gingen auto- matisch davon aus, dass das Licht von oben kommt, und deuteten die Fotos richtig. Bei den Zehnjährigen waren es 80 Prozent, bei den Vierjährigen gar nur die Hälfte.

KIND SEIN HEISST:
DIE WELT MIT ANDEREN AUGEN ZU SEHEN.

Als Kinder nehmen wir die Welt anders wahr als im Erwachsenenalter. Das liegt zunächst einmal an der Körpergröße, die völlig andere Blickwinkel erlaubt oder verwehrt. Aber es ist mehr als nur das: Unsere Sinne arbeiten (noch) nicht wie jene von Erwachsenen und unser Gehirn geht mit den gelieferten Informationen anders um. Auch unser Schatz an Erfahrungen und unser Set an Erwartungen bauen sich erst langsam auf. Sich unter diesen Bedingungen zurechtzufinden ist wahrlich kein Kinderspiel.

Size matters

Seit jeher gestalten wir Menschen die Welt so, dass sie für Erwachsene durchschnittlicher Größe bequem zu benutzen ist: von Treppenstufen über Möbel und Werkzeuge bis hin zu Fahrzeugen, Häusern und ganzen Städten. Als Kinder müssen wir uns an diese Welt der Riesen langsam herantasten. Mit jedem Entwicklungsschritt unserer Sinne und unseres Bewegungsapparates lernen wir sie aus immer neuen Perspektiven kennen. Was muss es für uns als Baby bedeutet haben, zum ersten Mal in Bauchlage unseren Kopf zu heben, aktiv nach vorne zu schauen oder rollend, rutschend und krabbelnd endlich jene Dinge zu erreichen, die unser Interesse geweckt haben. Ganz zu schweigen vom ultimativen Quantensprung, dem Erlernen des aufrechten Gangs, bei dem sich in der persönlichen Entwicklung jenes Momentum wiederholt, das den Erfolgslauf unserer Spezies vor mehr als drei Millionen Jahren begründet hat. Zum ersten Mal können wir uns aus eigener Kraft einen Überblick über die Welt verschaffen. Dass wir zugleich plötzlich auch noch unsere Hände frei haben, ist ein überaus praktischer Nebeneffekt, den wir umgehend zu schätzen wissen. Die Welt, die uns umgibt, bleibt trotzdem zu groß. Unvorstellbar für Erwachsene, nicht über eine Tischkante blicken zu können – oder über ein geparktes Auto hinweg.

Die Sache mit dem Augenmaß

Apropos Auto: Sehr viele Erkenntnisse darüber, wie sehr sich die Wahrnehmung von Erwachsenen und jene von Kindern unterscheidet, lassen sich Studien zur Verkehrssicherheit entnehmen – wohl auch, weil sich die Unterschiede vielleicht am klarsten im Straßenverkehr offenbaren. Die sich ständig und rasch verändernde Situation mit vielen beweglichen Elementen fordert uns auf vielen Ebenen. Ob wir Situationen richtig beurteilen können, entscheidet sich im Zusammenspiel unserer Sinne, unserer Erfahrungen und unserer Konzentrationsfähigkeit. In allen drei Aspekten tun sich zwischen Erwachsenen und Kindern teils Welten auf. Wenn wir geboren werden, hinkt der Sehsinn zwar unseren anderen Sinnen nach (was hätte man im Mutterleib auch Großartiges betrachten sollen?), doch entwickelt sich das räumliche Sehen dann recht schnell ... zumindest für die grobe Orientierung. Bis nämlich Tiefenschärfe und peripheres Sehen fertig ausgebildet sind, dauert es in der Regel mindestens zehn Jahre → **S. 14**. Viele haben noch mit 14 Jahren Schwierigkeiten, Distanzen richtig einzuschätzen. Noch kniffliger wird es freilich, wenn unser Gehirn Raum und Zeit zusammenbringen muss. Allein schon, um das Zurückschwingen einer Schaukel oder die Flugkurve eines Balls richtig vorherzusehen, braucht es einiges an Erfahrungswerten, meist in Form vergossener Tränen und blauer Flecken.

Die Welt verstehen wollen

Erfahrung ist ein gutes Stichwort. Selbst wenn die „Hardware" unserer Sinne einmal halbwegs verlässlich funktioniert, ist unsere Wahrnehmung der Welt sehr stark von Erwartungen und Gewohnheiten geprägt, die wir als Kind erst erwerben müssen. Schon als Babys haben wir eine Art Grundverständnis von Naturgesetzen. Instinktiv versuchen wir, Zusammenhänge zu ergründen, und erweitern probierend und scheiternd unseren Erfahrungsschatz. Wo uns Erfahrungen und Wissen fehlen, haben wir im Kindesalter noch einen Joker in petto, den auszuspielen uns später oft schwerfällt: den Glauben an das Übernatürliche. Vor allem im Vorschulalter sind uns „magische" Erklärungen oft ebenso genehm wie logisch-empirische.

"Echtheit" und Perspektive interessieren uns auch bei unseren ersten Zeichenversuchen nicht. Dass Kinderzeichnungen so aussehen, wie sie eben aussehen, liegt nicht nur an der in Entwicklung befindlichen Feinmotorik, sondern auch daran, dass wir als Kinder andere Eigenschaften von Objekten und Lebewesen priorisieren als später. Wenn ein Auto vier Räder hat, dann müssen diese nun einmal auch alle abgebildet werden. Zu einem Gesicht gehören zwei Augen, eine Nase, ein Mund. Die genaue Position ist sekundär, und einen Menschen macht das Gesicht aus, nicht der Körper → **S. 17**. Erst mit vier bis fünf Jahren werden die Darstellungen realistischer → **S. 18**.

⊙⊙ **18**

Konzentration ist eine weitere Fähigkeit, die wir erst erlernen müssen. Unser Gehirn ist in den ersten Lebensjahren so flexibel und aktiv wie später nie wieder. Es sammelt permanent unzählige Sinneseindrücke, verknüpft sie und bildet Millionen von Synapsen. Vereinfacht gesagt: Als Kinder nehmen wir die Welt weit weniger gefiltert wahr als im Erwachsenenalter. Alles kann unsere Aufmerksamkeit fesseln, bevor wir lernen, das „Normale" vom „Außergewöhnlichen" zu unterscheiden, das in einer bestimmten Situation „Wichtige" vom „Unwichtigen". Unser Gehirn käme sonst mit der Welt auch gar nicht zurecht. Von den zahllosen Synapsen, die es als Kind ständig erzeugt, kann es nur eine gewisse Anzahl aufrechterhalten. Jene Verbindungen, die wir öfter brauchen, verfestigen sich. Die anderen gehen wieder verloren. Alles andere würde zu viel Energie kosten.

Richtig und falsch

Nun mag das Bild entstanden sein, dass wir im Kindesalter vor allem damit beschäftigt seien, Defizite aufzuholen, um die Welt irgendwann so wahrnehmen zu können, wie sie ist. Tatsache ist aber: Die Welt lässt sich nicht objektiv wahrnehmen. Und doch maßen wir uns als Erwachsene an, unsere Wahrnehmung zur Norm zu erheben.

Man sollte sich vor Augen halten, dass wir für die Entwicklung eines „erwachsenen" Blicks auf die Welt auch einen hohen Preis zahlen. So wertvoll

◉◉ 19

unsere Erfahrungen im täglichen Leben sind, erweisen sie sich doch auch als Hemmschuh für unsere Wahrnehmung. Pablo Picasso soll gesagt haben: „Ich konnte schon früh zeichnen wie Raffael, aber ich habe ein Leben lang dazu gebraucht, wieder zeichnen zu lernen wie ein Kind." Ob das nun so stimmt, oder nicht: Picasso hat mit seiner Kunst viel dazu beigetragen, erwachsene Sehgewohnheiten auf den Kopf zu stellen.

Als Erwachsenen gestattet uns unser erworbener Tunnelblick meist nicht, das Besondere im Unscheinbaren zu erkennen, vielleicht sogar Magisches und Unsichtbares zu „sehen" → **S. 19**, uns berühren und begeistern zu lassen, wie es nur Kinder vermögen. Erfahrung und Wissen wirken sich auch hemmend auf unser kreatives Schaffen und unsere Fantasie aus. Um wie viel

Kinderzeichnung „Meine Familie"
2022
Wachsmalstifte auf Papier,
18 × 26 cm
Privatbesitz

In dieser Zeichnung hat ein dreijähriges Mädchen seine Familie verewigt. Sich selbst hat es, den Blick auf die anderen Familienmitglieder gerichtet, in grüner Farbe dargestellt und als Einzige mit Armen und Händen ausgestattet. In dieser Entwicklungsphase sind die „Kopffüßler" typisch. Erst in einem nächsten Schritt zeichnen Kinder auch Körper und Details wie Finger oder Wimpern.

Die Welt mit anderen Augen zu sehen.

Sgraffito von Julia und Petronia

4. Jh. n. Chr., Fundort:
Bruckneudorf
Ton, 26 × 21 × 12 cm
Eisenstadt, Landesmuseum
Burgenland,
Inv.-Nr. 29980

Die Stadien von Kinderzeichnungen sind weitgehend kultur- und epochenunabhängig. Sie spiegeln wider, wie das kindliche Gehirn die Welt wahrnimmt und wiedergibt. Diese Zeichnung haben offenbar Kinder – möglicherweise zwei Freundinnen oder Schwestern – in den Ziegel einer spätrömischen Villa geritzt. Ihre Namen, Petronia und Julia, wurden hingegen von einer Person ergänzt, die gut schreiben konnte.

Kind sein heißt:

schwerer tun wir uns zu singen, zu zeichnen oder an etwas zu glauben, sobald wir einen gewissen Standard verinnerlicht haben, wie etwas klingen soll, wie es auszusehen hat oder was physikalisch möglich ist? Gerade diese Unbeschwertheit des Kindseins ist es auch, die Erwachsene vermissen, das Leben im Augenblick, ohne ständig ans Gestern und vor allem nicht ans Morgen denken zu müssen. Gerne vergessen wir bei solch nostalgischen Anflügen, dass mangelndes Zeitgefühl – das ebenfalls in der kognitiven Entwicklung wurzelt – auch seine Schattenseiten hat. Oder haben wir schon vergessen, wie unerträglich lang sich als Kind selbst eine kurze Autofahrt anfühlen kann?

Imaginärer Freund eines Kindes
Puppe, 2022
nach einer Kinderzeichnung
auf Basis der Forschung von
Marjorie Taylor
Stoff, 100 × 70 cm
Schallaburg, Schallaburg
Kulturbetriebsges.m.b.H.

Zu den erstaunlichsten Leistungen des kindlichen Gehirns gehört die Fähigkeit, Fantasiegestalten zu schaffen, die – zumindest für uns – Teil der realen Welt werden. Diese Puppe wurde nach der Zeichnung eines Buben angefertigt, der im Alter von drei bis fünf Jahren einen Fantasiefreund hatte: Der „Typ aus der Fleischerei" war ein Weltreisender, der bei Gelegenheit zu Besuch kam und den Buben auf Fantasieausflüge mitnahm. Woher er seinen skurrilen Namen hatte, konnte der Bub selbst nicht beantworten.

Die Welt mit anderen Augen zu sehen.

Kindsein ist der beste Teil des Lebens, weil man noch Spaß haben kann.

Isabel

Helene (6), Anna M. (11), Clara (11), Emma (7) und Valerie (9)

Lukas H. (11)

Sofie (3)

Kind sein heißt:

Isabel (11)

„Wir Kinder stellen viel mehr Fragen"

Alle Interviews zum Nach- schauen:

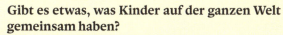

Ferdinand (8)

Sehen Kinder die Welt anders als Erwachsene?
ALLE *(ÜBEREINSTIMMEND)*: Ja!

Und warum ist das so?
EMMA: Die Kinder stellen sich die Welt einfach anders vor als die Erwachsenen, weil die schon viel mehr gesehen haben.
ELLA: Wir Kinder haben noch viel weniger Stress als Erwachsene. In vielen Berufen muss man sehr viel erledigen: und das noch, und das noch, und das noch ... Kinder müssen nur Hausübung machen und dann haben sie Freizeit. Und deswegen sehen sie, glaub ich, die Welt anders als Erwachsene.
CLARA: Wir Kinder stellen viel mehr Fragen als Erwachsene.
DAVID: Als Erwachsener versteht man nicht mehr so viel Spaß wie Kinder, und man hat nicht mehr so viel Fantasie.
LUKAS S.: Und wir Kinder haben Fantasie, weil wir so viel schauen.
JOSEFINE: Ich bin mir nicht ganz sicher, aber vielleicht haben Kinder manchmal einfach auch andere Meinungen.

Gibt es etwas, was Kinder auf der ganzen Welt gemeinsam haben?
JOHANNA: Sie reißen sich an den Haaren ...
SOFIE: ... und sekkieren die Eltern.
VALERIE: Sie müssen in die Schule gehen.
EMMA: Sie brauchen Mama und Papa.
FERDINAND: Freundinnen und Freunde.
ISABEL: Fantasie.
FERDINAND: Spiele.
ANNA M.: Gute und schlechte Momente – schlechte Momente, aus denen man lernt, und gute Momente, damit man sich auch gut fühlen kann.

Die Welt mit anderen Augen zu sehen.

JOSEFINE: Man hat, glaub ich, schon ähnliche Gedanken, egal in welchem Land man lebt. Und man macht sich noch nicht so viel Gedanken über das Danach, sondern eher noch übers Jetzt.

Wann ist man Kind?

ANNA M.: 1 bis 15 oder 16.

CLARA: Bis 17.

VALERIE: Eher 18.

HELENE: Bis 20.

LUKAS H.: Ab 4 ungefähr. Davor ist man auch ein Kind, aber kein großes Kind.

ANNA H.: Kleinkind und Großkind!

ISABEL: Man kann immer ein Kind sein.

JOSEFINE: Glaub ich auch.

Geht das: immer ein Kind zu bleiben?

JOSEFINE: Man wächst natürlich, aber irgendwie kann man immer dieselben Gedanken haben. Vielleicht ändern sie sich ja aber auch.

ELLA: Man muss nicht sagen: „Ich bin jetzt erwachsen!" Nein, man kann selbst entscheiden, wann man erwachsen und wann man noch ein Kind ist. Man kann so lange Kind sein, wie man will.

Fällt euch eine Figur aus einer Geschichte ein, die immer Kind bleiben will?

EMMA: Ja, der Peter Pan.

Funktioniert das?

EMMA: Nein, nur im Märchen.

Welches Gefühl hast du, wenn du an Kindsein denkst?

CLARA: Ein bisschen ein Gefühl von Freiheit.

ANNA M.: Ja. Man kann machen, was man will. Man ist zu nichts verpflichtet.

Was magst du am Kindsein am meisten?

SARA: Das Spielen.

SOFIE: Das Kuscheln.

EMMA: Dass man noch mehr bei der Mama sein kann ...

ELLA: Dass man noch nicht so viel Verantwortung tragen muss.

LUKAS S.: Als Kind ist es cool! Man kann in den Kindergarten gehen, dort muss man nicht lernen. Und man muss nicht arbeiten.

DAVID: Trotzdem kriegt man Geld: Taschengeld.

ANNA H.: Ich mag den Kindergarten am meisten.

EMIL: Die Schule.

IRIS: Dass man gute Freunde hat.

LUKAS H.: Dass ich meine Freunde jeden Tag außer am Wochenende in der Schule sehen kann.

ISABEL: Wenn man Kind ist, fehlt einem selten die Beschäftigung. Man hat mehr Fantasie und kann sich mehr Spiele ausdenken und die dann spielen.

JOSEFINE: Ich find Unternehmungen mit Freundinnen, das Draußensein, Spielen mit der Familie und so sehr schön. Und auch das In-die-Schule-Gehen.

... und was am wenigsten?

EMMA: Man muss halt früher schlafen gehen. Und man muss in der Schule so viel lernen.

ANNA M.: Das Lernen ... Erwachsene haben das schon hinter sich, aber als Kind muss man alles noch lernen. Außerdem muss einem die Mama immer sagen, was man machen soll: dass man sein Zimmer aufräumen und lernen gehen muss.

CLARA: Es ist kein großes Problem ... aber dass man noch nicht über sich selbst bestimmen kann.

David (8)

Iris (6)

Johanna (4)

Josefine (11)

Kind sein heißt:

David:

Als Kind kann man einfach alles tun, was man will ...

Emil (6)

Jonathan:

... und dann wird man geschimpft, wenn man alles tut, was man will.

Jonathan (6)

Lukas S. (5)

Als Kind ist es cool!

Lukas S.

Ella (8)

Was mir einfällt, wenn ich ans Kindsein denke ...

Kindergarten ● ● ● ● ●
Schule ● ● ● ● ●
Spaß ● ● ● ●
Spielen ● ● ● ●
Hausaufgaben ● ● ●
Freunde ● ●
Spielplatz ●
Freizeit ●

Anna H. (8)

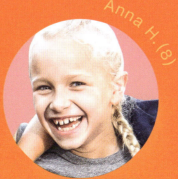

Sara (4)

Die Welt mit anderen Augen zu sehen.

Eine Frage des Blickwinkels

Die Welt mit anderen Augen sehen: Das heißt auch, eine andere Sichtweise einzunehmen, andere Prioritäten zu setzen, die sich nicht selten grundlegend von jenen der Erwachsenen unterscheiden. Konflikte sind dabei unausweichlich, wobei man als Kind tendenziell auf dem kürzeren Ast sitzt.

Ansätze für die Teilhabe von Kindern in politischen und gesellschaftlichen Gestaltungsprozessen lassen sich nur vereinzelt erkennen, und wenn, dann am ehesten in ihrem Umfeld: in Kindergarten und Schule oder am Spielplatz. Sollten Kinder aber nicht auch viel mehr in Entscheidungen involviert werden, die ihre Zukunft betreffen? Und sollten erwachsene Entscheidungsträger sich nicht zumindest mehr bemühen, die Welt mit den Augen eines Kindes zu sehen? Leichter gesagt als getan, selbst im Alltag.

Die Vertragsstaaten sichern dem Kind, das fähig ist, sich eine **eigene Meinung** zu bilden, **das Recht zu, diese Meinung** in allen das Kind berührenden Angelegenheiten **frei zu äußern,** und berücksichtigen die Meinung des Kindes angemessen und entsprechend seinem Alter und seiner Reife.

Art. 12.1 der UN-Kinderrechtskonvention

Ich habe mich zuletzt in die Situation eines Kindes versetzt, als ...

Kind sein heißt:

Kind sein heißt:

Ziemlich sorgenfrei zu sein und ein unbeschwertes Leben zu leben. Dass einem nichts peinlich ist, und einfach happy zu sein. Und dass man nur die Dinge weiß, die man wissen will, und alles weitere ausgrenzt.

Frieda, 14

Dass es dir egal war, wie du im Bikini ausgesehen hast, und dass du es nicht weird fandest, du selbst zu sein.

Kati, 14

Die Welt nur schwarz und weiß zu sehen.

K., 14

Die Welt richtig zu erkunden und mit ihr zu wachsen.

Merian, 11

Immer wieder neue Sachen zu erkunden und Spaß zu haben. Aber auch Fehler zu machen und auch einmal schlechtere Zeiten zu haben.

Maximilian, 13

Nichts entscheiden zu dürfen und von Erwachsenen angeschrien zu werden.

Benni, 12

Rechte zu haben, aber auch Pflichten. Und einen eigenen Willen; ein eigener Mensch zu sein.

Leon, 11

Dass du alles versuchen kannst, was du schaffen willst.

Philipp, 10

Die Welt mit anderen Augen zu sehen.

Kind sein heißt:

Mit anderen Augen betrachtet zu werden.

Kindersarkopharg mit spielenden Kindern → S. 35

Andrea Maria Dusl

Wie man nicht starb als Kind

Vier Pfähle spannten das Zelt meiner Kindheit auf. Einer war das Haus, in dem wir lebten, einer war die Schule, in die wir gingen, einer war die Kirche, die wir sonntags besuchten, der wichtigste aber hieß „draußen". Draußen waren die Wiesen, die unser Haus umgaben, noch weiter draußen der Sumpf unten am Ende des Hangs. Ganz draußen war der Wald. Jenseits alles Erreichbaren waren die Berge, die das Tal umgaben wie Kulissen in einem ewigen Stück. Und überall wartete der Tod.

Wir waren Kinder, so nannte man uns, und die Großen um uns, die immer herumkommandierten und Befehle gaben und seltsame Fragen stellten, die hießen Erwachsene. Sie waren größer, das ja, fuhren Autos und hatten Schlüssel zu allen Türen, waren Vater, Mutter, Lehrer, Pfarrer. Aber mehr war da nicht. Die wirklichen Menschen, die richtigen, mit allen Eigenschaften des Menschseins ausgestattet, die Menschen in der richtigen Größe, das waren wir Kinder. Wir Kinder waren klug, mutig, schnell und ausdauernd, wir sahen besser, hörten mehr und konnten so gut riechen wie die Tiere. Märchen waren wahr, Träume real, überall waren Geister, Unsichtbare, Spukende.

Tote.

Der Ritter auf dem riesigen Grabstein an der Kirchenmauer? Tot. Tot waren ganz sicher auch die Kinder auf dem wei-ßen Stein an der Wand vom Gasthof zur Blauen Traube. Sie spielten „Schneider, Schneider, leih ma d' Scher". Vielleicht auch irgendwas mit Nussen. Trugen Totenhemden, weiße, der Friseur hatte ihnen grad die weißen Haare geschnitten. Römische Kinder, sagte der Lehrer. Tot.

Wir Kinder konnten ihre Stimmen hören. Sie waren zwar römisch, aber es waren die Stimmen von Kindern. Kinder konnten andere Kinder verstehen. Immer. Auch die Toten aus weißem Stein. Und selbstverständlich spielten sie „Schneider, Schneider, leih ma d' Scher". Und nichts mit Nussen. Wir verstanden die deutschen Kinder, die holländischen, die der Sommerfrischler aus Wien, also verstanden wir auch die toten römischen Kinder.

Papperlapapp, sagten die Erwachsenen, lüg nicht so viel. Du kommst gleich in die Hölle, sagte der Herr Kaplan. Die Erwachsenen, Vater, Mutter, Lehrer, Trafikant, vergalten uns unsere Fähigkeiten, mehr zu sehen, mehr zu hören, mit Drangsal, mit Verboten, Vorschriften, Regeln. Nichts davon wurde befolgt. Die Welt war von Kindern errichtet, von wem denn sonst, vielleicht halfen Geister mit, Zwerge, Kobolde, Heinzelmännchen. Möglicherweise war Gott, der Herr (der Pfarrer erzählte viel von ihm), der König aller Unsichtbaren. Wie auch immer, wir waren die wirklich Erwachsenen. Die, die sich so nannten, behaupteten das nur. Ihr Schwindel flog auf, wenn sie betrunken waren, in Liebe entbrannt, von Wut ergriffen oder von Angst gebeutelt.

Wir hingegen hatten das richtige Maß, in Größe, Gestalt und allen Aspekten der Bewegung. Im Denken und Sprechen. Und weil unsere Geburt noch nicht so lange zurücklag, war der Tod uns

Mit anderen Augen betrachtet zu werden.

immer nah. Der Tod war unser ständiger Begleiter. Sein kleiner Bruder war die Verwundung, der böse Zwilling des Wunders. Die blutigen Sohlen vom Laufen am Frischgemähten waren das nicht, nicht die aufgeschlagenen Knie vom Fahrradlsturz, die verbrannte Hand vom Zünden der Kracher, das singende Ohr von den Watschen des Pfarrers. Eine Verwundung war von bleibender Art. Der abgehackte Finger des Grühias, das ausgeschossene Aug des Wimmawastl, das steife Knie der Rastlgerti.

Es sangen die Großen, wenn sie uns zu Bett brachten, wo wir nie hinwollten, weil das Bett kalt war, dunkel und fremd: „Morgen früh, wenn Gott will, wirst du wieder geweckt". Da war Gott wieder, der Erwachsene der Erwachsenen, der entschied, ob man geweckt würde oder nicht. Und manche von uns wachten ja tatsächlich nicht auf. Wenn sie beim Schlafwandeln aus dem Fenster fielen oder nach dem Polsteraufsgesichtdrückenspiel nicht mehr atmeten.

Wie man starb (Onkel, Großonkel, Väter und Großväter waren nie gestorben, sondern irgendwo gefallen), wie man starb als moderner Mensch, lernten wir im Fernsehen. Das Genre, das uns interessierte, war die Welt der Kaubois und Intzkis (der Cowboys und Indianer, wie die Erwachsenen sie schrieben), schwarzweißer Geistwesen, die auf Pferden ritten, mit Pistolen und Gewehren um sich schossen, oder mit Pfeil und Bogen, mit Messern warfen und mit der tödlichsten aller Waffen, dem Tomahawk. Instinktiv hatten wir begriffen: Das sind wir! Die Indianer die Guten, die Cowboys die Bösen. Die Welt, in der das spielte, hieß Prärie. Im Fernseher, er lief nur mittwochs, war sie schwarz und weiß, tot also, anders

als die Prärie hinter unserem Haus, die war grüner, sumpfiger, hatte Leiten und Lahnen, Straßen und Wegerl. Aber so war unsere Prärie im Talkessel in den Bergen, so sah sie aus. Da waren wir daheim, da kannten wir uns aus, da lauerten die Gefahren, giftige Schlangen, todbringende Kröten, Treibsand. Da standen die Bäume, in deren Rinde unserer Mütter Küchenmesser und die Äxte unserer Väter flogen. Hätten fliegen sollen, denn sie flogen immer vorbei. Da lagen sie im feuchten Gras, wo wir sie auflasen und in Zeitlupe ein zweites Mal warfen, nein, ihren Wurf simulierten, und dann mit großer Mühe in den Baum hackten.

Wir Mädchen waren immer nur Indianermädchen, hießen Notschi, Kwotschi, Pingawanga, Kangaluna und Kundamuni. Jedenfalls waren wir eines Häuptlings Sgwau. Sgwau klang sehr ähnlich wie das Erwachsenenwort Sgwaund, das Gewand. Und schönes Gewand trug eine Sgwau! Ein gehäkeltes Stirnband, eine Hahnenfeder am Hinterkopf, einen Lederpyjama mit langen Fransen. Solch Indianergewand gab es im Spielzeuggeschäft, es kostete viele Einser und Zierleisten im Schulheft und Hilfsdienste in der Waschküche und im Schupfen. Fasching war eine gute Gelegenheit, das Gwaund zu erbetteln. Die Sgwau (von den Erwachsenen Squaw geschrieben) hatte keine eigenen Messer, keinen Pfeil und keinen Bogen, aber eine kleine Tasche mit Kräutern und Rinde. Wenn einer der Krieger sich verletzte, humpelte, vom Baum gefallen war und doppelt sah, dann griffen wir Sgwaus in unsere kleine Tasche, holten Klee und Ampfer hervor, Bärlauch und Lindenblüten und einen langen Fetzen, der sich daheim vom Fleckerteppich gelöst hatte.

Kind sein heißt:

Und dann legten wir auf und wickelten. Der Indianer biss die Zähne zusammen, ließ uns gewähren. Blut rann zwischen den Blättern hervor, aber nur kurz. Du musst jetzt schwitzen, war der Satz, den wir dann sagen mussten, du musst jetzt schwitzen. Die gesunden Krieger tanzten im Kreis um den Schwitzenden, in einer schleppenden, gebeugten Bewegung, das Huuuuu aus indianischer Kinderkehle mit der flachen Hand rhythmisch unterbrechend. Der schwitzend Verwundete war sehr bald wieder gesund, konnte seinen Bogen ergreifen, den selbergeschnitzten Haselstaudenpfeil und das schartige Messer aus der Küchenlade daheim.

Mit etwas Glück gab es einen Intzki, der eine Pfeife aus Odads Lade gestohlen hatte. Dann konnte man nicht nur Krieg spielen, wo es immer um Leben und Tod ging, sondern auch sein Ende, was bedeutete, das wichtigste Ritual zu zelebrieren: das Begraben des Kriegsbeils und das Rauchen der Friedenspfeife. Kastanienblätter brachten den besten Rauch hervor. Woher wussten wir das alles, noch bevor wir lesen gelernt hatten und Karl-May-Bücher ausleihen durften in der Leihbibliothek unten im Markt? Wir wussten das alles aus den Kauboi-und-Intzki-Filmen. Wo die Erwachsenen irgendwo da drinnendraußen in der schwarzweißen Prärie des Fernsehapparates das vorerzählten, was wir längst wussten, kannten und konnten, was wir waren. Echte Indianer, echte Cowboys, echte Squaws. War doch eines ganz wichtig in allem. Das Echte. Echtes Gwaund, echte Verwundungen, echter Schmerz, echtes Kriegsgeheul. Alles war echt und real. Die Welt und wie sie roch, ihre Farben und jede Temperatur in ihr.

Und wenn Wolken aufzogen und ein Gewitter niederbrach, dann war die wirkliche Welt auch von Manitu bedroht, dem Herrscher aller Jagdgründe, besonders aber der ewigen. Im Gewittersturm fuhr er auch in die echte Welt hernieder mit strafendem Zorn. Traf den Köberlwalter, trat in die Feder an seinem Hinterkopf, brannte eine Schneise durch seine Frisur, fraß sich an seinem Hals über die Schulter, schnitt einen rauchenden Pfad in des Köberlwalters fransiges Kriegerhemd, raste hinunter an seinem indianischen Hosenbein und verließ des Köberlwalters Körper über die rechte große Zehe.

Sein Lebtag trug der Köberlwalter die Narbe von Manitus Zorn, vom Scheitel bis zur Sohle. Auf dem rechten Ohr hörte er nie wieder etwas anderes als einen hohen Klingelton. Als er aus dem Krankenhaus kam und wieder zum Stamm der Sumpfwieseniindianer stieß, wählte ihn der Rat der Krieger zum Medizinmann, zum Chef aller kräuterkundigen Sgwaus. Aus den ewigen Jagdgründen zurückgekehrt, war sein Kriegername: Singendes Ohr. Und all das, obwohl die Gaiswinklerchristl Stein und Bein schwört, dass der Köberlwalter an diesem manituzornigen Gewitternachmittag tatsächlich starb und nie wieder zurückkam.

Andrea Maria Dusl, geboren in Wien, wo sie heute lebt. Doktorin der Philosophie, Filmemacherin, Zeichnerin und Autorin. Lehrt an der Universität für angewandte Kunst Wien. Zuletzt erschienen: „Wien für Alphabeten" (2018). www.comandantina.com

SB: CAROLVS JOSEPHVS ARCH D

Kind sein heißt:

Dominik Heher

KIND SEIN HEISST:
MIT ANDEREN AUGEN BETRACHTET ZU WERDEN.

Aus der Sicht der Erwachsenen ist die Sache klar: Kinder sind anders. Sie sehen anders aus, benehmen sich anders, bewegen sich anders, klingen anders, riechen anders. Sie haben einen anderen Blick auf die Welt, schätzen vieles anders ein. Wenn Kinder Erwachsenen gleich oder auch nur ähnlich wären, hätten Letztere schließlich auch keinen eigenen Begriff für sie eingeführt. Die Frage ist also nicht: Sind Kinder anders? Sondern: Inwiefern werden Kinder als andersartig betrachtet?

Und: Wie geht die Gesellschaft mit diesem Anderssein um? Benötigen Kinder vermehrten Schutz? Wie viel Verantwortung ist ihnen zuzumuten? Darf man sie für ihre Handlungen zur Verantwortung ziehen? Haben Kinder andere Bedürfnisse? Benötigen sie angepasste Kleidung, Werkzeug oder gar Spielzeug? Diese Fragenliste ließe sich beliebig erweitern, und die Antworten darauf würden ganze Bibliotheken füllen. Klar ist aber eines: Es sind die Erwachsenen, die antworten und die Spielregeln vorgeben. Sie definieren Rechte und Pflichten, aber auch das Erscheinungsbild, dem Kinder zu folgen haben.

Parallele Welten

Heute leben Kinder und Erwachsene westlicher Wohlstandsgesellschaften zumeist in Parallelwelten, die sich berühren, aber kaum miteinander vernetzt sind. Kinder bewegen sich in Räumen, die eigens für sie konzipiert wurden. Sie spielen im Kindergarten und auf dem Spielplatz, lernen in der Schule, verbringen Zeit im Kinderzimmer und haben sogar in der virtuellen Welt ihre eigenen Nischen. Es gibt eigene Möbel für Kinder, eigene Bücher und Magazine, eigene Lebensmittel, eigene Alltagsgegenstände, eigene Fahrzeuge, eigene Fernsehserien und Werbungen, eigene Apps, eigene Mode. Für Kinder wurden spezifische Rechte erarbeitet und medizinische wie psychologische Behandlungen entwickelt. Die Andersartigkeit des Kindes wird heute nicht nur anerkannt, sie wird zelebriert.

Das war keineswegs immer der Fall. In vormodernen Gesellschaften waren Kinder meist mit sechs oder sieben Jahren in Arbeitsprozesse eingebunden. Auf bildlichen Darstellungen und in schriftlichen Quellen erscheinen sie wie kleine Erwachsene. Oder sie fehlen überhaupt. Der Historiker Philippe Ariès hat in einem bahnbrechenden Buch die These formuliert, dass sich ein

Erzherzog Karl Joseph mit Eichhörnchen
Cornelis Sustermans (um 1600–1670), um 1653/54 Öl auf Leinwand, 140 × 100,5 cm Wien, Kunsthistorisches Museum Wien, Gemäldegalerie, Inv.-Nr. 3188

Der vier- bis fünfjährige Karl Joseph, Sohn Kaiser Ferdinands III., ist nach der neuesten Pariser Mode gekleidet: mit weiten Stiefeln, einer kurzen Hose, die tief auf den Hüften sitzt, einem Hemd mit bauschigen Ärmeln und einem kurzen Jäckchen. Der federgeschmückte Hut liegt abseits. Die üppige und steife Kleidung scheint eher den kleinen Karl Joseph zu tragen als umgekehrt. Kindgerechte Kleidung war im damaligen Adel undenkbar. Karl Joseph wurde bereits mit 13 zum Bischof gewählt. Für die zur Ausübung des Amtes nötigen Weihen war er allerdings noch zu jung. Er sollte sie auch nicht mehr erleben, denn er starb bereits mit 15 Jahren.

Verständnis von Kindheit als eigenem Lebensabschnitt überhaupt erst ab dem 16. Jahrhundert entwickelt habe. Diese Ansicht gilt heute als widerlegt. Richtig ist aber: Die Kinder wuchsen in einer Welt der Erwachsenen auf und rascher in sie hinein, als sie es heute tun. Dies spiegelt sich auch in der materiellen Welt wider: Bis ins 18. Jahrhundert gab es kaum Gegenstände, die eigens für Kinder angefertigt wurden, kaum Bücher, die man für Kinder schrieb, von eigenen Kinderzimmern ganz zu schweigen.

Kleider machen Kinder

Auch die Kleidung der Kinder reflektiert das Bild, das sich Erwachsene von ihnen machen. Spezielle Kinderkleidung kannte man in Antike und Mittelalter nicht, abgesehen von meist schlichten Hemdchen für Säuglinge und Kleinkinder. Einzelne formale Kleidungsstücke wie die Toga waren Erwachsenen vorbehalten → **S. 35**. Ansonsten trugen Kinder aber, so könnte man sagen, verkleinerte Versionen der Alltagskleidung der Erwachsenen, die freilich für Menschen jeden Alters praktikabel war. Anders verhielt es sich mit der repräsentativen höfischen Mode, in der man adeligen Kindern ab dem späten Mittelalter in Darstellungen zunehmend begegnet. Kostbare Materialien, aufwendige Schnitte und haltungsfördernde Korsagen kamen dem kindlichen Bewegungsdrang sicher nicht zugute, bildeten in der gehobenen Gesellschaft aber bis in die zweite Hälfte des 18. Jahrhunderts den verbindlichen Standard → **S. 30**.

 35

 30

Dann kam in Europa langsam die erste Kindermode auf. Von England ausgehend verbreitete sich der „Skeleton Suit", der „Schlittenanzug" für Buben. Bei diesem Zweiteiler ist das Oberteil mit Knöpfen an der Hose fixiert und verrutscht auch beim Spielen nicht – eine Art „Overall" also, aus strapazierfähigen Materialien gefertigt → **S. 33**. Fast zeitgleich setzte sich auch für Mädchen (und Damen) eine weitaus bequemere Mode durch: Das Hängekleidchen (bei Kleinkindern mit Hose kombiniert) ersetzte den Reifrock mit Korsett.

Der Zeitpunkt war kein Zufall: Im 18. Jahrhundert erlebten die Diskussionen rund um das Thema „Kindheit" wahre Hochkonjunktur. Fortan schossen sich verschiedene Disziplinen auf das Thema Kind ein, an dem die Wissenschaft bis dahin kein Interesse gezeigt hatte. Die Expertise (männlicher) Ärzte verdrängte jene von Ammen; Pädagogen wetteiferten um die besten Erziehungsstrategien, und selbst Schriften über die korrekte Ernährung der Sprösslinge kamen bereits in Umlauf. Langsam setzte sich die Überzeugung durch, dass Kinder grundlegend andere Bedürfnisse hätten als Erwachsene und daher etwa auch andere Kleidung benötigten. Diese Ideen fanden vor allem in den bürgerlichen Familien der Zeit großen Anklang, zunächst in England, dann auch am Kontinent. Ebendiese Bürger waren wiederum kaufkräftige Konsumenten, und so ist es kein Zufall, dass sich Kindermode und Spielzeug – das erste darauf spezialisierte Geschäft eröffnete 1760 in London – zuerst in diesem Umfeld verbreiteten. Eine materielle Gegenwelt für Kinder hatte ihren bescheidenen Anfang genommen.

Der damals stattfindende Paradigmenwechsel war nachhaltig. Die Kluft zwischen der Wahrnehmung von Kindern und der von Erwachsenen wuchs. Kinderkleidung sollte sich nun stärker von jener der Erwachsenen unterscheiden. Ab etwa 1780 stieg der Matrosenanzug zum ikonischen Kinderkleidungs-

Kind sein heißt:

Skeleton Suit
Ann-Dorothée Schlüter
Rekonstruktion nach
Vorlagen aus der Zeit um
1800
Textil, 100 × 44 cm
Berlin, Arts et Metiers

Der „Skeleton Suit" gilt als das früheste Beispiel kindgerechter Kleidung. In lockerer Passform und aus reißfestem Stoff gefertigt sollte er den kindlichen Bewegungsdrang nicht hemmen. Hose und Oberteil sind mit Knöpfen verbunden und verhindern so das Verrutschen beider Kleidungsteile. Besonders im angloamerikanischen Raum war die erste Einkleidung mit Hosen („Breeching") im Alter von zunächst etwa sieben, später bereits von drei oder vier Jahren ein wichtiges Ereignis im Leben kleiner Buben. Erstmals unterschieden sie sich in ihrer Kleidung von Mädchen gleichen Alters.

Mit anderen Augen betrachtet zu werden.

Hilda und Franzi Matsch
Franz von Matsch
(1861–1942), 1901
Öl auf Leinwand,
120 × 105 cm
Wien, Belvedere, Wien,
Inv.-Nr. 6205

Franz von Matsch, ein bedeutender Künstler des Jugendstils, hat in diesem Gemälde seine beiden Töchter Hilda und Franzi verewigt. Die Mädchen sind mit ihren Kleidchen, ihrem Spielzeugpferd, dem Ball und der Kindergießkanne in eine Miniaturwelt gesetzt. Sogar die Topfpflanzen unterstreichen diesen Eindruck. Obwohl sie posieren, wirken die Kinder, als würden sie sich nur einen Moment lang beim Spielen unterbrechen lassen ... ein Schnappschuss sozusagen, der das Wesen der Kinder einfangen will und sie nicht als Erwachsene inszeniert.

stück schlechthin auf. Trendsetter war einmal mehr die englische Aristokratie. Aus Elementen der britischen Marineuniform entstand eine Art Kostüm, das in verschiedenen Varianten sowohl für Buben als auch für Mädchen zum bildlichen Code für ihren Status als Kind wurde. Der Matrosenanzug wirkt bis heute in den Uniformen japanischer Schulmädchen ebenso nach wie in der Aufmachung der Wiener Sängerknaben.

Die Vorstellung, dass Kinderkleidung anderen Ansprüchen genügen muss als Erwachsenenkleidung, fand im 20. Jahrhundert ihre Fortsetzung → **S. 34**. Robuste Materialien und lockere Schnitte setzten sich zunehmend durch. Mit den Möglichkeiten billiger Massenproduktion und steigendem Konsum wurde auch das Design „kindgerecht" abgestimmt. Knallige Farben und zielgruppenorientierte Motive hielten Einzug in die Kleiderschränke der Kinderzimmer. Notiz am Rande: Bis etwa 1920 war Rosa eine Bubenfarbe, sozusagen als Diminutiv der mächtigen Männerfarbe Rot. Hellblau hingegen galt als anmutig und daher (wie auch Weiß) passender für Mädchen. Erst um 1920 änderten sich die Vorzeichen – wohl auch, weil Rot im Militär keine Rolle mehr spielte, dafür aber Blau vermehrt von arbeitenden Männern getragen wurde.

Mittlerweile haben sich Kindermode und Freizeitmode der Erwachsenen wieder angenähert – mit dem Unterschied, dass die Beeinflussung nun wechselseitig erfolgt. Männer in kurzen Hosen und mit SpongeBob auf dem T-Shirt wären noch vor wenigen Jahrzehnten undenkbar gewesen. Zum ersten Mal in der Geschichte ist es in Mode, Kind zu bleiben.

Kindersarkophag mit spielenden Kindern
römisch, um 170/180 n. Chr.
Marmor, 32 × 123 × 34,5 cm
Wien, Kunsthistorisches Museum Wien, Antikensammlung, Inv.-Nr. I 1129

Spielzeug gab es schon in der Antike, wenngleich selten. Kinder spielten mit dem, was sie fanden; im alten Rom waren es bevorzugt Nüsse. So galt es etwa die Zahl von Nüssen in der geschlossenen Hand zu erraten, oder sie dienten zum Zielwerfen. Das Spielen mit Nüssen war Kindern vorbehalten und so typisch, dass die Redewendung „die Nüsse weglegen" sogar synonym für das Erwachsenwerden stand. Es gibt viele Darstellungen davon, speziell auf Sarkophagen von Kindern. Hier sind die abgebildeten Kinder übrigens wie Erwachsene gekleidet: Sie tragen die übliche Tunika.

Mit anderen Augen betrachtet zu werden.

Anna M. (11)

Ella (8)

Isabel (11)

Flora (8), Lukas S. (5), Jonathan (6) und David (8)

Valerie (9)

Kind sein heißt:

Flora:

Von zehn bis 18 ist man jugendlich.

Jonathan:

Und dann ist man erwachsen.

Flora:

Ab 90 ist man alt ... nein, ab 50.

Jonathan:

Ich dachte, ab 40?

David:

Nein, ab 80.

Flora:

Und ab 100 ist man megaalt.

Lukas H. (11)

Clara (11)

Mit anderen Augen betrachtet zu werden.

Jonathan:

Nein, ab 100 ist man todesmüde.

Lukas S.:

Da ist man schon im Himmel.

David:

Nein, kommt drauf an, wie lange du lebst.

Helene (6)

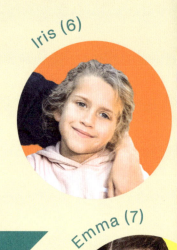

Iris (6)

Emma (7)

Josefine (11)

Man fühlt sich groß, wenn man hilfsbereit ist!

Ferdinand

Sofie (3)

Besonders groß gefühlt habe ich mich ...

am ersten Schultag
am ersten Tag im Gymnasium
am Geburtstag
als Erste bei einem Wettkampf
bei der Klassensprecherwahl
bei der Fahrt mit der Achterbahn
beim ersten Klavierauftritt
mit dem ersten Pokal in Händen

Ferdinand (8)

Kind sein heißt:

„So wie ich jetzt bin, fühl' ich mich klein"

Was kommt nach dem Kindsein?

CLARA: Das Jugendlichsein.

VALERIE: Das Erwachsensein.

IRIS: Ab 18 ist man erwachsen

ELLA: Ab 20 ist man erwachsen.

LUKAS H.: Wenn man arbeitet und mit der Schule fertig ist, mit 20 oder so, zählt man zu den Erwachsenen.

Worin unterscheiden sich Kinder und Erwachsene?

DAVID: Als Erwachsener versteht man nicht mehr so viel Spaß wie Kinder.

SOFIE: Wenn Erwachsene Kopfweh haben, nehmen sie Schmerztabletten.

HELENE: Dass man dann älter ist.

EMMA: Dass die Mama keinen mehr mit dem Auto führt, und dass die Erwachsenen viel größer sind als die Kinder.

ANNA M.: Dass man seine Sachen selbst machen, Geld verdienen und für sich sorgen muss. Fürs Kind macht das halt alles Mama oder Papa.

CLARA: Ich würde auch sagen: Als Erwachsener muss man für sich selbst sorgen, arbeiten gehen, selbst mit dem Auto einkaufen fahren und so ...

VALERIE: Dass man sich alles selbst besorgen muss.

CLARA: Dass man über sich selbst bestimmen kann und muss, dass das nicht mehr die Mama oder der Papa macht.

Was brauchen Kinder, was Erwachsene vielleicht nicht brauchen?

EMMA: Mama und Papa.

VALERIE: Einen Garten draußen zum Spielen.

CLARA: Zum Beispiel ein Klettergerüst oder eine Schaukel.

ANNA M.: Die Erwachsenen telefonieren zwar, aber sie brauchen es nicht, jeden Tag mit der besten Freundin zu reden. Ich sehe meine beste Freundin jeden Tag!

Kannst du dich an einen Moment erinnern, an dem du dich besonders groß gefühlt hast?

ISABEL: Als ich begonnen hab, mehr im Haushalt zu helfen.

FERDINAND: Man fühlt sich groß, wenn man hilfsbereit ist!

FLORA: Ich hab einmal einem Klassenkameraden geholfen, der eigentlich voll blöd ist und den ich überhaupt nicht mag. Ich hab ihm trotzdem geholfen, und danach hab ich mich groß gefühlt.

ANNA M.: Ich bin bei der Freiwilligen Feuerwehr, und da haben wir beim Landeswettbewerb von Niederösterreich den dritten Platz gemacht und sind damit zum Bundeswettbewerb gekommen – das war ein echt cooles Gefühl.

JOSEFINE: Ich hatte in letzter Zeit eine ziemlich schwierige Phase, und als ich die dann gemeistert hab, hab ich mich sehr groß gefühlt.

Und hast du dich irgendwann auch besonders klein gefühlt?

DAVID: Nein.

LUKAS S.: Ja, so wie ich jetzt bin, fühl ich mich klein.

HELENE: Als meine Schwester nicht mit mir gespielt hat, weil sie Hausübungen machen musste.

CLARA: Wenn ich mich mit meiner besten Freundin – oder überhaupt mit Freundinnen – grad nicht so gut verstehe.

ISABEL: Ich habe heute im Bus mit älteren Leuten geredet, da hab ich mich schon ziemlich klein gefühlt, weil die halt schon drei, vier Jahre älter sind als ich. Oder zum Beispiel irgendwann, als ich ganz traurig war.

JOSEFINE: In dieser schwierigen Phase, als ich so mittendrin war, hab ich mich klein gefühlt.

Ist es eher ein gutes oder ein schlechtes Gefühl, sich klein zu fühlen?

JOSEFINE: Man fühlt sich auch ein bisschen geborgen und muss noch nicht alles machen. Manchmal ist es aber auch ein blödes Gefühl, wenn man sich denkt: Ich möchte schon größer sein und auch mitreden können zum Beispiel.

FERDINAND: Ja.

Kinder sind auch (nur) Menschen

Mit der UN-Kinderrechtskonvention hat sich die Erwachsenenwelt erstmals dazu durchgerungen, Kinder unter besonderen Schutz zu stellen. Zugleich betont man damit, dass die Menschenrechte auch für Kinder gelten. Man postuliert also einerseits, dass Kinder von Geburt an vollwertige Menschen sind, und würdigt andererseits, dass Kinder definitiv anders sind als Erwachsene.

Dieses Anderssein endet mit dem Übergang zur Volljährigkeit – in vielen Ländern der Welt am 18. Geburtstag. Mit ebendieser Altersschwelle greift auch die UN-Kinderrechtskonvention nicht mehr.

Im Sinne dieses Übereinkommens ist ein Kind jeder Mensch, der das **achtzehnte Lebensjahr** noch nicht vollendet hat, soweit die Volljährigkeit nach dem auf das Kind anzuwendenden Recht nicht früher eintritt.

Art.1 der UN-Kinderrechtskonvention

Die lästigsten Einschränkungen als Kind waren für mich ...

... Kinder mit **7 Jahren** als „beschränkt geschäftsfähig" gelten? Sie dürfen selbstständig kleinere Sachen wie Spielzeug oder Lebensmittel kaufen.

... Kinder mit **10 Jahren** das Recht haben, vor Gericht angehört zu werden, zum Beispiel, wenn sich die Eltern scheiden lassen?

... Kinder mit **14 Jahren** den Kontakt zu einem Elternteil ablehnen können, wenn die Eltern getrennt wohnen?

... Mädchen sich mit **14** die Antibabypille verschreiben lassen und selbstständig über einen Schwangerschaftsabbruch entscheiden können?

... man im 18. und im 19. Jahrhundert in vielen Regionen erst mit **24** volljährig war?

... Menschen im alten Rom schon mit **14** voll rechtsfähig waren, man aber bis **25** unter den Schutz eines Vormundes gestellt werden konnte?

... es schon im Mittelalter Gesetze gab, wonach Diebe unter **12 Jahren** als nicht straffähig galten?

... man in Australien schon mit **10 Jahren** deliktfähig ist?

Kind sein heißt:

Kinder: Eine Minderheit

Kinder im Pflichtschulalter machen hierzulande etwa 14 Prozent der Gesamtbevölkerung aus. Damit liegt Österreich knapp unter dem europäischen Durchschnitt. Weltweit wird der Anteil der Kinder unter 15 auf 25 Prozent geschätzt. In einigen afrikanischen Staaten stellen sie fast die Hälfte der Bevölkerung. Seit dem Jahr 2021 leben in Österreich übrigens mehr Seniorinnen und Senioren über 65 Jahren als Kinder und Jugendliche unter 20.

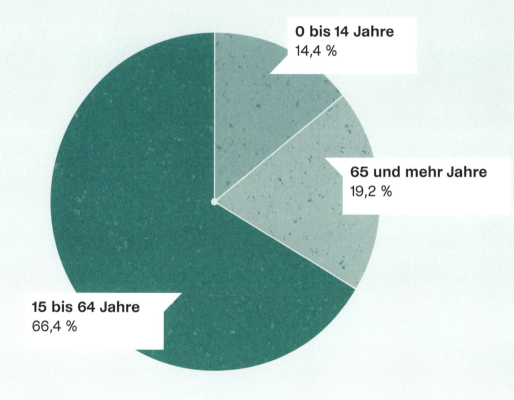

0 bis 14 Jahre
14,4 %

65 und mehr Jahre
19,2 %

15 bis 64 Jahre
66,4 %

Quelle: Statistik Austria, Österreich. Zahlen, Daten, Fakten 2021/2022

Mit anderen Augen betrachtet zu werden.

Lauflernwagen → S. 51

Kind sein heißt:
Ständig irgendetwas zum
ersten Mal zu tun.

Anna Baar

Sonntagsbesuch

Komm schon, rufst du, *komm,* wirst langsam ungeduldig. Das Kind zieht die Beinchen an und gluckst und quietscht und zappelt und patscht mit beiden Händen auf das Plastiktischchen. Seine Vergnügtheit reizt dich. Da sitzt es seit anderthalb Stunden in diesem Babywalker, ohne vom Fleck zu kommen. Es soll endlich Ruhe geben. Wie sollte es sonst begreifen, wozu so ein Walker gut ist? Im Beipacktext stand geschrieben, die Muskulatur des Babys würde trainiert, gekräftigt, die Feinmotorik verbessert, die Aufmerksamkeit gesteigert. Bestimmt wird es irgendwann einsehen und Gefallen daran finden. Dann wird es wohl …

Wirst du wohl …, denkst du und ruckelst am Fahrgestell. Das Ding war bestimmt nicht billig – trag- und zusammenklappbar, der Sitz dreifach höhenverstellbar, Wippfunktion, weich gepolstert, pflegeleicht, hübsch gemustert. Dazu das praktische Tischchen mit Activity-Center, Lenkrad und quietschroter Hupe, die, sooft man sie drückt, Martinshornmelodien spielt. Elisabeth, die Gute, hat sich nicht lumpen lassen. Brachte das Riesenpaket in Loktapapier gewickelt, *handgeschöpft in Nepal,* wie sie beiläufig sagte. Auf dem Glückwunschkärtchen stand in Großbuchstaben: *Für Wali zum 1. Geburtstag. Von Deiner Tante Lisi.* Beim Auspacken zögertest du, als rissest du das Papier von etwas sorgsam Kaschiertem, schämtest dich, während das Ding prächtig zutage trat, deiner eigenen Blöße. Anstatt dich zu bedanken, stammeltest du herum, als wärest du zu mehr verpflichtet, und meintest am Ende kleinlaut: *Das wäre nicht nötig gewesen.* Elisabeth hielt dir entgegen, ein Kind in Walis Alter benötige dringend Hilfe, wenn es aus sich heraus keinerlei Anstalten mache, das Gehen zu erlernen. Es laufe am Ende Gefahr, auch andere Entwicklungsschritte, die sich kaum nachholen ließen, unbemerkt zu verbummeln. Die Faulen müsse man zu ihrem Glücke zwingen. *Fördern* sage man heute.

Widerspruch war zwecklos. Die Wohltäterin erstrahlte in ihrer neuen Rolle, himmelhoch gewachsen an deinem Unbehagen.

Wirst du wohl aufhören zu zappeln! Elisabeths Geschenk soll sich als nützlich erweisen. Beim nächsten Besuch soll sie sehen, wie gern das Kind davon Gebrauch macht.

Ständig irgendetwas zum ersten Mal zu tun.

Du greifst nach den kleinen Beinen, versuchst, sie geradezubiegen, drückst die Zehen zu Boden, zwingst einen Fuß vor den anderen. Das Wägelchen rollt ein Stück weit. Das Kleine greint. Dir reicht es. Als du es endlich auslässt, beginnt es erneut zu strampeln und sieht dich herausfordernd an.

Jetzt triumphierst du also, denkst du und schüttelst den Kopf und ziehst deine Brauen zusammen. Elisabeth kommt am Sonntag. Die Zeit drängt. Heute ist Freitag. Wieder fasst du ein Füßchen. Das Kind will sein Füßchen zurück. Du packst es ein bisschen fester. Jetzt nur nicht lockerlassen, immerhin weißt du besser, was für das Kleine gut ist.

Anders als in der Vorschau auf sonstige Zukunftspflichten warst du dir immer sicher, die Mutterrolle zu meistern. Erst recht beim Gebrüll fremder Kinder. Das Brüllen ist ein Trigger! Es beleidigt dich, diese wortlose Not aus einem früheren Leben von Neuem zu erdulden. Heute findest du Worte für das Versagen der Mütter: Anstatt sich ans Kind zu verschenken, bleiben sie ganz bei sich, reizbar und ungeduldig, mitunter unbarmherzig, schadenfroh, sadistisch. Oft siehst du welche im Freibad einen hilflosen Schreihals lachend ins Wasser tauchen.

Hör auf zu heulen, hörst du! Mama will nur dein Bestes.

Du willst es richtig machen, reißt dich zusammen, lächelst, streichst, so sanft du kannst, über das kahle Köpfchen. Ist es nicht an der Zeit für ein paar erste Locken? Abermals drehst du am Lenkrad, nestelst an Knöpfen und Tasten, *jede Menge Spaß mit Licht- und Soundeffekten* stand auf der Packungsbeilage. Du betätigst die Hupe, um das Kind abzulenken. Weil es nicht aufhört zu meutern, schubst du das Wägelchen von dir, ziehst es gleich wieder an dich. Das Kleine soll nur einsehen, wozu so ein Wägelchen taugt. Dann wird es Spaß daran haben, sich im aufrechten Gang durch den Raum zu bewegen, noch ehe die Muskeln es tragen. Jedem gesunden Kind, erklärte Elisabeth, sei der Trieb angeboren, sich emporzubringen, um freihändig weiterzukommen – nicht nur im Körperlichen: *Evolution heißt Aufstehen.*

Ob das Kind nicht normal ist?

Von Anfang an gabst du acht, ob es Fortschritte machte, ob es sein Köpfchen hob, sich drehte, aufsetzte, robbte. Und immer warst du behilflich, wenn die kraftlosen Glieder seinem Willen nicht gehorchten. Stützen, aufziehen, schieben. Jede kleinste Leistung belohnte dich für die Mühe, entschädigte für die Nächte, die du inzwischen durchwacht hast. Wickeln, tragen, trösten. Selten beklagst du dich. Achtung und Trost sind knapp, die Belehrungen dagegen unerschöpflich. Eltern, Freunde, Tanten – wer immer es gut mit dir meint, gibt kund, es besser zu wissen. Elisabeth weiß es am besten. *Ein Baby in diesem Alter*, stellte sie unlängst fest, *muss durchschlafen können, basta!* Man dürfe es nicht beachten, wenn es grundlos heule, sonst würde es zum Tyrannen, unfähig, sich zu beschäftigen oder selbst zu beruhigen. Sie spreche aus Erfahrung, schließlich seien ihre drei längst erwachsenen Kinder ausnahmslos wohlgeraten.

Guckguck, rufst du, *schau*, betätigst wieder die Hupe, aber das Geheul lässt sich nicht übertönen. Dein Atem wird kurz, du bebst, willst in die Luft gehen, willst … das Ding mitsamt dem Kind …, siehst deinen Widersacher, wie er sich sträubt und windet, undankbar gegen das Gute, das ihm zuteilwerden könnte. Das Kind tut beinahe so, als würde es gefoltert, und streckt dir die Arme entgegen, als müsstest du es retten, als wärest du, tätest du's nicht, eine erbärmliche Mutter. Elisabeth hat recht: Man muss es schreien lassen, wenn es dafür keinen Grund gibt, sonst wird das Kind zum Monster.

Wortlos verlässt du das Zimmer, damit es rasch begreife, was ihm das Trotzen einbringt: Heulst du, wird Mama böse.

Draußen beginnst du zu zählen. Es fällt dir schwer, fest zu bleiben. Das Flüstern deines Gewissens durchdringt das gellende Brüllen, will dich zur Aufgabe drängen. Als du ihm folgen willst, ermahnt dich Elisabeths Stimme, du tätest dem Kind nichts Gutes, folgtest du einmal mehr dem sentimentalen Herzen. Affenliebe sei schädlich. Einem verwöhnten Kind mangle es bald an Ehrgeiz. Das Kleine könne dir ohnehin mühelos folgen in seinem hübschen Laufstuhl.

Du verdrängst die Stimmen, horchst auf das Brüllen, zögerst. Das Kleine könnte dir. Mühelos. Wenn es nur wollte. Du wartest. Das Brüllen wird zum Flennen. Aber das Kleine folgt nicht.

Wieder durchkreuzen Zweifel deine Entschlossenheit. Warum der Souffleuse glauben, nicht aber deinem Herzen? Bietet der Laufstuhl wirklich Hilfe beim Vorwärtskommen und sicheren Schutz vor Verletzung? Nannte man so ein Ding früher nicht Gängelwagen? Und hast du nicht sagen hören, ein Kind, das auf Krücken geprägt sei, lerne den sicheren Gang nicht, würde fallen, sich stoßen und schlimmstenfalls schwer verletzen, sobald es sie entbehre? Was, wenn es dann erst recht nur noch verängstigt

kröche und neuen Einsagern glaubte, die ihm wieder falsche Freiheitsversprechen machen? Kann sich einer erheben, ohne das Hinfallen zu üben? Ob Elisabeth ihre eigenen Kinder, die anscheinend in der Ferne steile Karrieren machten, so lange gegängelt hat, dass ihnen nur die Flucht blieb, sobald sie laufen konnten?

Das Schrillen des Martinshorns schreckt dich aus den Gedanken. Du gehst, um Nachschau zu halten, findest den kleinen Körper in sich zusammengesunken in seinem Plastiksitz, dreifach höhenverstellbar, Wippfunktion, weich gepolstert, pflegeleicht, hübsch gemustert. Das Köpfchen regungslos auf der lärmenden Hupe.

Verflucht sei Elisabeth, verflucht seien ihre Kinder! Du nimmst das Kind aus dem Sitz, nimmst es auf den Arm, vielleicht ein klein wenig grob, um es spüren zu lassen, dass das Spiel noch nicht aus ist.

Bis Sonntag könnte es zu deinen Gunsten ausgehen.

Anna Baar, geboren in Zagreb, aufgewachsen in Wien, Klagenfurt und auf der Insel Brač, Studium in Wien. Lyrik, Prosa und Essays, zuletzt „Divān mit Schonbezug" (2022). Großer Österreichischer Staatspreis 2022. www.annabaar.at

Ständig irgendetwas zum ersten Mal zu tun.

Milchzahn der späteren Kaiserin Elisabeth
1837
Behälter: Messing,
6,7 × 3,6 × 1,7 cm
Wien, Schloß
Schönbrunn Kultur- und
Betriebsges.m.b.H.,
Inv.-Nr. SKB 007062

Dieser Milchzahn stammt von Kaiserin Elisabeth, besser bekannt als „Sisi". Der Zahn ist insofern besonders, als sie bereits damit geboren wurde. Ein solcher „Geburtszahn" (Dens natalis) kommt überaus selten vor und gilt daher als Glücksbringer. Kein Wunder, dass ihn Sisis Familie in einer aufwendig gestalteten Dose aufbewahrt hat.

Kind sein heißt:

KIND SEIN HEISST:
STÄNDIG IRGENDETWAS ZUM ERSTEN MAL ZU TUN.

Das erste Lächeln, das erste Umdrehen, der erste Zahn, das erste Wort, die erste feste Mahlzeit, der erste Haarschnitt, der erste Schritt, die erste Kinderparty, der erste Gips, der erste Schultag, der erste zweite Zahn … Kaum sind wir geboren, beginnt eine wahre Flut von ersten Malen und Meilensteinen der Entwicklung, die rasch ihr größtes Ausmaß erreicht, um dann von Jahr zu Jahr abzuebben. Meist handelt es sich um Dinge, die wir selbst nicht steuern können, also keine Leistungen im eigentlichen Sinn. Vielmehr sind es einerseits Schlaglichter eines beständigen, wenngleich stets unterschiedlich intensiven Prozesses unseres Heranreifens und andererseits Zeugnisse der schrittweisen Einführung in Familie und Gesellschaft durch diverse Rituale.

Level up!

In unseren ersten Lebensjahren leisten wir schier Unglaubliches. „Wüchsen die Kinder in der Art fort, wie sie sich andeuten, so hätten wir lauter Genies", hat Goethe einst gemeint. Im Vergleich zu den meisten anderen Säugetieren kommen wir ja reichlich unfertig auf die Welt. Wir sehen schlecht, können uns nicht drehen, ja, nicht einmal den Kopf heben oder gezielt greifen. Aber wir haben einen Vorteil: Wir lernen schnell. Unser Gehirn muss unzählige Eindrücke verarbeiten und dabei auch lernen, was wichtig ist – und was nicht. Es muss einen Körper lenken lernen, der sich ständig verändert. Schließlich kommen mit jedem Update neue Funktionen dazu: Muskelkraft, Koordination, Feingefühl, Zähne …

👀 51

Die Unterstützung durch Erwachsene ist für unser Überleben zentral, doch die wesentlichen Entwicklungsschritte machen wir selbst, auch ohne Hilfsmittel und Anleitung. Ein fürsorgliches Umfeld schadet zwar nicht, und Zuwendung mag motivierend und stimulierend wirken, doch werden wir auch ohne Töpfchentraining rein, lernen auch ohne Baby-Walker aufrecht zu gehen → **S. 51**.

Dennoch ist es den meisten Eltern heute wichtig, dem Sprössling möglichst viel Hilfe angedeihen zu lassen. Dahinter steckt aber auch eine große Verunsicherung: Entwickelt sich das Kind korrekt und schnell genug? Wurde ein Entwicklungsfenster nicht optimal genutzt oder gar übersehen? Fachliteratur für zweifelnde und verzweifelte Eltern gibt es seit dem 18. Jahrhundert, sie füllt heute ganze Regalwände von Buchgeschäften. Die Vielzahl der darin abgebildeten (pseudo-)wissenschaftlichen Erkenntnisse trägt dabei meist eher zur Verunsicherung bei, als diese abzubauen. Zudem bietet in Zeiten des Internet Dr. Google ungefilterte Meinungen von Laien zu nahezu jedem Thema, die einander allzu oft auch widersprechen. Was aber glauben?

Anders ist normal

Das Streiten über den richtigen oder falschen Umgang mit Kindern ist vermutlich so alt wie die Menschheit selbst. Über Jahrhunderte war es etwa in vielen Gebieten Europas (und nicht nur hier) üblich, Säuglinge fest zu wickeln, um den geraden Wuchs der Gliedmaßen zu fördern. Seither wird das Thema kontrovers diskutiert. Spielarten des Wickelns oder „Puckens" kommen immer wieder einmal in Mode, nur um dann wieder verteufelt zu werden, weil sie dem gesunden Wachstum des Kindes schaden würden.

Erste Kritik war schon in der Zeit der Aufklärung aufgetaucht, nicht nur aus medizinischen Gründen: Das feste Wickeln wollte nicht so recht ins Bild des selbstbestimmten, frei geborenen Menschen passen. Andererseits war den Aufklärern wichtig, dass ebendieser Mensch aufrecht durch die Welt ging und allfällige Makel schon in der Kindheit ausgebessert wurden. Der Pariser Kinderarzt Nicolas Andry 1741 prägte hierfür den Begriff der „Orthopädie", der sich aus den griechischen Wörtern für „gerade" und „Kinderaufzucht" zusammensetzt. Durch Apparaturen und Schienen sollte der korrekte Wuchs der Gliedmaßen im Kindesalter gefördert werden. Als eingängige Allegorie wählte Andry ein krummes Bäumchen, das an einen geraden Pflock gebunden ist. Bis heute ist es das Standeszeichen der Orthopäden.

Andrys Ansatz ist typisch für eine Zeit, in der man erstmals begann, sich wissenschaftlich mit den Eigenheiten von Kindern auseinanderzusetzen. Die (männliche) akademische Expertise machte sich daran, jene der Mütter und Ammen abzulösen, und bestimmte fortan den Diskurs, wie Kinder zu pflegen, ernähren, fördern und unterrichten seien. Damit einher ging eine schematische Einteilung der kindlichen Entwicklung, die wenig Rücksicht auf das individuelle Tempo nahm. Erst im 20. Jahrhundert haben Medizin und Pädagogik gelernt zu respektieren, dass Kinder unterschiedlich schnell und sehr individuell lernen und reifen. Was es bei aller Flexibilität dann doch gibt, sind gewisse Marksteine der Entwicklung, die signalisieren, wann therapeutische Unterstützung angebracht erscheint.

Im Rampenlicht

Kaum ein Elternhandy heute, dessen Speicher nicht von Fotos und Videos der eigenen Sprösslinge überquillt! Kein Wunder: Kaum etwas führt uns deutlicher vor Augen, wie schnell die Zeit vergeht, als das Heranwachsen von Kindern. Der von elterlichem Stolz befeuerte Wunsch, einen Moment dieser Entwicklung zu konservieren, ist nur natürlich. Die Dokumentierfreudigkeit heutiger Eltern mag im historischen Vergleich exzessiv erscheinen, doch sind ja auch die Möglichkeiten einer lückenlosen fotografischen Dokumentation sehr jung. Durchaus länger schon werden Andenken an besondere körperliche Veränderungen, etwa Milchzähne → **S. 46**, oder an einschneidende Ereignisse aufbewahrt. Aus der Zeit vor dem 19. Jahrhundert lassen sich dennoch nur wenige Belege dafür finden, dass Eltern ein ausgeprägtes Interesse daran gehabt hätten, die Erinnerung an die Kindheit ihres Nachwuchses festzuhalten.

In Zeiten und in Kulturen, in denen das Individuum eine geringere Rolle spielte als in heutigen westlichen Gesellschaften, waren kollektiv erlebte Rituale wichtiger, um die schrittweise Eingliederung in die Gemeinschaft zu kommunizieren. Bei deren Sichtbarmachung war man immer schon kreativ: der erste Schluck Wein → **S. 49**, die erste Hose, der erste Haarschnitt, die Entfernung der Vorhaut, Tätowierungen – die Liste ließe sich beliebig erweitern.

In diesen Übergangsritualen wird die „Verwandlung" der Kinder offenkundig → **S. 50**. Sie bedeuten einen klaren Schnitt, aus dem sich neue Rechte und Pflichten ergeben. Viele dieser Rituale sind früher oder später religiös

◉◉ 46

◉◉ 50

Choen-Kännchen
um 420 v. Chr., Fundort:
Euboia, Griechenland
rotfigurige Keramik,
H 6,5 cm
Wien, Kunsthistorisches
Museum Wien,
Antikensammlung,
Inv.-Nr. IV 1973

Alljährlich im Frühling feierten die Menschen im antiken Griechenland das feucht-fröhliche „Kannenfest" zu Ehren des Gottes Dionysos. Einen Teil davon nahm die Weihe der dreijährigen Kinder ein, die nun keine Babys mehr waren und in die religiöse Gemeinschaft aufgenommen wurden. Man schmückte sie mit Blumenkränzen, schenkte ihnen Spielzeug und ein kleines Kännchen – eine Miniatur der großen Trinkgefäße, mit denen die Erwachsenen bei den Feierlichkeiten um die Wette tranken. Nicht klar ist, ob es sich bei solchen Kännchen um rein symbolische Geschenke handelte oder ob die Kinder damit, wie manche Abbildungen darauf suggerieren, zum ersten Mal Wein kosten durften.

49

Ständig irgendetwas zum ersten Mal zu tun.

Bulla
1.–4. Jh. n. Chr.,
Fundort: Carnuntum
Gold, 2,5 × 1,8 cm
St. Pölten,
Landessammlungen
Niederösterreich,
Inv.-Nr. CAR-M-3503

Im alten Rom trug jeder frei geborene Bub ein „Bulla" genanntes Schutzamulett um den Hals, das manchmal kleine Figuren enthielt. Mit frühestens 14 Jahren legte er seine Bulla am Hausaltar ab und galt damit als volljährig. Gefeiert wurde im Rahmen der Liberalia, eines Festes zu Ehren der Fruchtbarkeitsgötter, am 17. März. Mädchen waren ab zwölf Jahren heiratsfähig. Sie opferten vor ihrer Hochzeit Spielsachen und Kleidung, um dann ihr Elternhaus zu verlassen. Mündig waren sie freilich auch als Erwachsene nicht.

Kind sein heißt:

uminterpretiert worden. Die Altersstufen, die eine besondere Hervorhebung erfuhren, waren und sind nicht zufällig zumeist sehr ähnlich: Die erste Stufe passieren wir, wenn wir in eine spezifische Gemeinschaft hineingeboren werden. Eine nächste Schwelle erreichen wir mit etwa drei Jahren. Wir unterscheiden uns nun sichtbar von Säuglingen, sind halbwegs mobil und kennen zumindest ein paar Worte. Mit etwa sechs oder sieben Jahren sind wir dann in eine neue Liga aufgestiegen: Wir können sprechen, gehen und sind halbwegs geschickt. Nicht umsonst begannen Kinder früher in diesem Alter ihre Berufsausbildung und treten sie heute in die Schule ein.

Das letzte Upgrade bedeutet dann die Geschlechtsreife, die uns zumindest biologisch zu Erwachsenen macht, altersmäßig aber stark variieren kann (individuell und nach Epoche). Gemessen an den überlieferten Ritualen scheint dieser letzte Übergang die Menschen stets am meisten beschäftigt zu haben. In vielen Stammesgesellschaften etwa war und ist es zum Teil noch immer üblich, Buben eine Zeitlang von der Gesellschaft zu isolieren, ehe sie als Männer zurückkehren. Auch die erste Menstruation wurde in vielen Kulturen gefeiert, wenngleich oft eher im privaten Kreis. Viele archaische Riten sind freilich verschwunden oder wurden in veränderter Gestalt (sei es als Firmung, Bar oder Bat Mizwa, Beschneidung) in die religiöse Sphäre verschoben. Heute sind diese religiös verbrämten Zeremonien in ihrer gesellschaftlichen Bedeutung marginalisiert, ohne dass sich Alternativen herausgebildet hätten. Vielleicht ist es kein Zufall, dass sich gerade in den vergangenen Jahren Menstruationspartys steigender Beliebtheit erfreuen.

Lauflernwagen
19. Jh.
Holz, 50 × 70 × 70 cm
Eggenburg, Krahuletz-Museum

Lauflernwagen gibt es mindestens seit dem späten Mittelalter. Die Idee dahinter: Das Kind kann sich leichter aufrecht halten und ist schneller mobil. Heute rät die Kindermedizin von Lauflernhilfen ab: Der Körper des Kindes werde falsch belastet und das Verletzungsrisiko sei hoch.

Ständig irgendetwas zum ersten Mal zu tun.

„Ich wachse jeden Tag"

Helene (6)

Was kannst du heuer tun, was du im vergangenen Jahr noch nicht konntest?

EMIL: Ich kann jetzt urhoch klettern. Ich hab erst vor Kurzem einen Geheimweg zum Nachbarn entdeckt. Bisher hat das keiner bemerkt. Das ist ein ziemlich schwieriger Weg. Einmal wäre ich fast runtergefallen.

Gibt es etwas, was du schon einmal konntest und jetzt nicht mehr kannst?

ELLA: Englisch. Ich hatte eine englischsprachige Babysitterin. Früher konnte ich Englisch sprechen, das habe ich aber wieder verlernt.

Gibt es etwas, was dich nicht mehr freut?

CLARA: Ich hab in der Musikschule vier Jahre lang Gitarre gelernt und jetzt aufgehört. Aber zu Hause spiel ich trotzdem noch ein paar Lieder.

LUKAS H.: Brettspiele mochte ich früher extrem gern, jetzt nicht mehr so.

EMIL: Ich mag alles noch.

Was wirst du in einem Jahr können, das du heute noch nicht kannst?

HELENE: In Schreibschrift schreiben.

CLARA: Ich tanze gern, und in einem Jahr kann ich vielleicht schon mehr Tänze.

VALERIE: Einen Salto am Trampolin.

EMMA: Ich würde auch gern einen richtigen Salto können, bis jetzt hab ich immer nur eine Sprungrolle hingekriegt.

ANNA M.: Ich würde in einem Jahr gern einen Backflip können.

Emma (7)

Kind sein heißt:

Emil (6), Ella (8), Anna H. (8), Lukas H. (11) und Iris (6)

Ständig irgendetwas zum ersten Mal zu tun.

Clara (11)

Kleine Kinder sagen alles, was sie sich denken.

Clara

Anna M. (11)

Was können Kinder besser als Erwachsene?

LUKAS H.: Kinder können höher singen.

ELLA: Meistens können Kinder schneller laufen als Erwachsene.

EMIL: Ja, stimmt. Ich bin der Allerschnellste in unserer Familie.

VALERIE: Am Trampolin etwas machen ...

CLARA: ... zum Beispiel einen Salto.

ANNA M.: Ich glaub, dass Erwachsene nicht mehr so viel malen oder basteln wie Kinder.

VALERIE: Sich um Tiere kümmern.

ANNA M.: Nein, ich glaub, dass Erwachsene besser umgehen können mit Tieren, weil sie mehr Erfahrung haben und besser wissen, was sie tun sollen.

Können Erwachsene von Kindern lernen?

ELLA: Mir fällt nichts ein.

EMMA: Doch. Zum Beispiel, dass man beim Malen nichts Besonderes machen muss, sondern einfach wie ein Kind das Bild malt, das man sich vorstellt.

CLARA: Kleine Kinder sagen einfach alles, was sie sich denken. Erwachsenen ist das unangenehm, und sie wollen höflich sein.

ANNA M.: Erwachsene könnten sich mehr Zeit nehmen, wie die Kinder. Meine Mama putzt meistens, wenn sie zu Hause ist, dann spielt sie mit uns vielleicht ein paar Spiele, und dann kocht sie für uns. Sie hat halt nicht recht viel Freizeit, und dann muss sie auch noch arbeiten. Sie könnte zum Beispiel einen Tag putzen und dann einen Tag was mit uns oder etwas machen, was ihr Spaß macht.

Merkst du, dass du größer wirst?

EMIL: Ja, indem ich älter werde, und ich wachse jeden Tag.

ELLA: Daran, dass viele Kleidungsstücke kleiner werden, und dass mir manchmal etwas wehtut.

ANNA M.: Ich krieg immer voll Kopfweh und bin müde.

EMMA: Ich merke es daran, dass ich irgendetwas mache, und dann tut mir was weh, zum Beispiel die Kniekehlen oder der Arm. So merk ich, dass ich ein bisschen größer geworden bin.

ANNA H.: Ja, Wachstumsschmerzen.

EMIL: Ich hab immer welche, meistens am Abend.

LUKAS H.: Ich hab jetzt keine mehr, früher aber sehr oft welche gehabt. Dass ich größer werde, merke ich jetzt daran, dass mir viele Kleidungsstücke einfach zu klein sind. Und bei vielen Dingen, die ich früher voll mochte, sag ich jetzt nein. Das freut mich nicht mehr so.

Emil:

Mein Papa kann sich von mir überhaupt nichts abschauen, weil ich das Meiste geheim mache.

Was ich vor einem Jahr noch nicht konnte ...

Handstand
Rad schlagen
Salto
Salto auf der Reckstange
kopfüber auf der Reckstange hängen

Valerie (9)

Valerie:

Ich wachse über Nacht. In der Früh, wenn ich aufsteh', merk ich, dass ich ein bisserl größer geworden bin.

Alle
Interviews
zum Nach-
schauen:

Ständig irgendetwas zum ersten Mal zu tun.

Die Vertragsstaaten erkennen an, dass jedes Kind ein angeborenes **Recht auf Leben** hat. Die Vertragsstaaten gewährleisten in größtmöglichem Umfang **das Überleben und die Entwicklung des Kindes.**

Art. 6.1–2 der UN-Kinderrechtskonvention

Kind sein heißt:

„Ich fühlte mich groß, als ich zum ersten Mal ...“

für jemanden hilfreich war	um meine Meinung gefragt wurde	lange aufbleiben durfte	allein einkaufen ging
ein Deodorant verwendete	einen BH trug	Kaffee kosten durfte	im Ausland war

Große und kleine Momente

Als Kinder wachsen wir langsam in die Welt der Erwachsenen hinein. Manche Momente werden dabei besonders gefeiert oder als Schwelle wahrgenommen, etwa der erste Schultag oder verschiedene religiöse Zeremonien. Sie machen das Heranreifen zum Erwachsenen greif- und datierbar.

Aber gibt es daneben nicht auch die ganz persönlichen Erlebnisse, durch die wir uns selbst eine Spur „größer“, „erwachsener“ vorkommen? Diese vielen kleinen großen Momente sind es, die uns mit Stolz und dem Gefühl einer engeren Zugehörigkeit zur Welt der Großen erfüllen.

Bei mir war es...

Ständig irgendetwas zum ersten Mal zu tun.

Kind sein heißt:

Für das Leben zu lernen. Und für die Schule.

Puppenschule → S. 67

Das Klassenfoto

„Stell dir vor", sagt sie zu ihm, „du sitzt noch einmal in dieser Klasse, auf deinem Platz, dieselben Fenster, derselbe Geruch, das Bild des Bundespräsidenten an der Wand. Stell dir das vor!" Sie schüttelt den Kopf und lacht.

Der Fotograf sei dick und ungeduldig gewesen, sagt er, er wisse es noch genau. Eine große, schwarze Kamera, ein Stativ mit Holzbeinen, eine Haarbürste, für alle Fälle. „Als er weg war, hat Monika gefragt, wie denn das geht – Lächeln", sagt er. Sie fragt: „Wer ist Monika?" Er zeigt auf ein kleines, dunkelhaariges Mädchen in der ersten Reihe. „Und wo bist du?", fragt sie.

Er sitzt in der zweiten Reihe, ziemlich genau in der Mitte des Bildes, weißblond, in einer Strickjoppe mit silbernen Knöpfen, vor sich ein Heft und ein paar Stifte. „Das bist du?", fragt sie ungläubig. „Ja", sagt er, „erkennt man mich nicht?" „Doch", sagt sie, „nur deine Haarfarbe – wie Michel aus Lönneberga."

An der Rückwand der Klasse hängen eine Landkarte des Bezirkes Melk, eine Rolltafel mit sämtlichen Buchstaben in österreichischer Schulschrift und ein Bogen Packpapier mit vier Sätzen. Er liest sie laut vor: „Der Frühling ist da. Die Vögel singen. Die Bäume blühen. Der Bauer pflügt das Feld." „Ganz schön schwierig", sagt sie, „,blühen' und ,pflügt das Feld'." „Ja, ganz schön schwierig", sagt er. Am wichtigsten sei der Lehrerin die korrekte Position der Striche auf den Umlauten gewesen, genau in der Mitte und nicht nach links oder rechts verrutscht. An der einen Seitenwand, oberhalb der Tür, hängt das Porträt des Bundespräsidenten. Franz Jonas, hatte sein Vater gesagt, sei ein Präsident, der ein Handwerk gelernt habe, Schriftsetzer nämlich, und das sei ein

Signal an den kleinen Mann. Er selbst hatte sich unter einem Schriftsetzer jemanden vorgestellt, der bestimmte, wie man die Buchstaben zu schreiben habe. Unter dem kleinen Mann hatte er sich niemanden vorstellen können.

Sie tippt auf das Bild, fragt ihn, wer der Bub neben ihm sei – er schaue so ernst –, und er sagt, er wisse den Namen nicht mehr. „Du weißt den Namen deines Sitznachbarn nicht mehr?", fragt sie. „Er war nur zwei, drei Monate bei uns", sagt er, eines Tages sei er in der Klasse gestanden, ganz plötzlich, und ebenso plötzlich sei er wieder weg gewesen, das eine wie das andere Mal ohne Ankündigung. „Aber er hat mir beigebracht, wo Spanien ist und dass es dort Affen gibt", sagt er. Sie lacht und schüttelt erneut den Kopf. „Affen in Spanien", sagt sie, „ihr müsst eine lustige Klasse gewesen sein."

Er streicht mit den Fingerkuppen über die Gesichter. Der Bub habe in der Au gewohnt, in einem Wagen auf Rädern, der ausgesehen habe, als gehöre er zu einem Zirkus. Er habe den Eindruck erweckt, als könne er weder schreiben noch rechnen, außerdem habe er Menschen als Strichmännchen gezeichnet, ohne Kleider und ohne Schuhe. In Turnen sei er allerdings der Beste gewesen, an der Sprossenwand, an den Ringen und an der Kletterstange. Er habe kaum etwas gesprochen. Lediglich in den Heimatkundestunden habe er immer wieder ganz unvermittelt seltsame Dinge erzählt, vom Feuermachen im Freien, von Spanien und vom Meer. Die Lehrerin habe die Augen verdreht und ihn gewähren lassen. Was wolle man schon von so einem, habe sie gesagt, gegen eine derart verwahrloste Phantasie sei man machtlos.

Sie grinst. „Und dann hat er euch alle verdorben mit seiner verwahrlosten Phantasie", sagt sie. „Wahrscheinlich war das so", sagt er. Als er seine Mutter gefragt habe, ob er den Neuen nach der Schule nach Hause begleiten dürfe, habe sie gesagt, erstens habe so einer kein Zuhause und zweitens komme das nicht in Frage, ihr Sohn habe bei den Scherenschleifern nichts verloren. Er habe den Buben gefragt, ob er ein Scherenschleifer sei, und der Bub habe ihn zuerst gegen die Brust geboxt, nicht allzu fest, und nichts geantwortet. Dann habe er gesagt, dass sein Onkel nicht nur Scheren schleife, sondern auch die großen Messer, die man Schweinen in den Hals steche. Außerdem sei er länger als ein Jahr in Spanien gewesen und dort habe er schwarze Stiere gesehen und Affen, so richtig große, mit einem Pelz, mit dem sie auch durch den Winter kämen.

„Affen in Spanien, und das auch noch im Winter", sagt sie, „stell dir vor, was mit euch passiert wäre, wäre er länger geblieben, mit seiner verwahrlosten Phantasie!" Etwas Ähnliches habe seine Mutter auch gesagt, sagt er – an der Geschichte von den Affen in Spanien sei zu sehen, dass man schon bei den Kindern von Scherenschleifern nicht vorsichtig genug sein könne.

„Was ist eigentlich aus den anderen geworden", fragt sie, „aus ihr zum Beispiel?" Sie zeigt auf ein Mädchen mit blonden Zöpfen. „Eva", sagt er, „Kindergärtnerin, glaube ich."

„Und sie?"

„Brigitte? Von ihr weiß ich den Vornamen, sonst gar nichts."

„Und er?"

„Andreas? Hat eine Holzbaufachschule besucht und fürchtet sich wahrscheinlich immer noch."

„Wovor?"

„Vor anderen Menschen."

„Er?"

„Sein Vater ist in den Futtersilo gefallen und erstickt. Ich glaube, er hat Stefan geheißen."

„Sie?"

„Susanne? Ilse? Keine Ahnung. Ich glaube, sie hat ein Blumengeschäft eröffnet."

Die Lehrerin steht hinten an der Wand, rechts neben dem Packpapierbogen mit den vier Sätzen. Sie scheint alle im Blick zu haben. „Und sie", fragt sie, „eure Lehrerin? Lebt sie noch?"

Er zuckt mit den Schultern. „Keine Ahnung", sagt er. Sie sei jedenfalls eine eigenartige Frau gewesen, mit ihren toupierten Haaren, ihren knallroten Fingernägeln und ihrem Tierschutzwahn. Wenn er heute so überlege, sei er ziemlich sicher, dass ihr Tiere mehr bedeutet hätten als Kinder. Sie habe Schildkröten gehabt, mehrere Siamkatzen und zwei, drei Jahre lang eine zahme Dohle. Der Dohle habe sie das Sprechen beigebracht und den Siamkatzen, wie man herablassend schaue. „Dohlen können sprechen?", fragt sie erstaunt. „Wenn sie die richtige Lehrerin haben", sagt er. Einmal habe sie die Dohle in den Unterricht mitgenommen, er könne sich genau erinnern. Der Vogel sei auf der Oberkante des Tafelflügels gesessen, habe gekrächzt und zwischendurch immer wieder laut „Herr Direktor, Herr Direktor" gesagt. Das habe ihr allerdings nichts genützt, sie selbst sei nie Direktorin geworden.

„Ingeborg", sagt er, jetzt sei es ihm eingefallen, das Mädchen mit dem Blumengeschäft habe Ingeborg geheißen.

„Und Monika?", fragt sie.

„Welche Monika?"

„Die gefragt hat, wie Lächeln geht." Sie zeigt auf das Mädchen in der ersten Reihe. „Was ist aus ihr geworden?"

„Die Lehrerin hat sie noch weniger gemocht als die anderen", sagt er. Sie habe ihr die Hefte um die Ohren gehauen und Seiten rausgerissen, und manchmal habe sie sie wegen der vielen Fehler und wegen ihrer schmutzigen Fingernägel mit ausgestreckten Armen vor der Tafel stehen lassen, bis sie umgefallen sei. Er sehe den trotzigen Ausdruck im Gesicht des Mädchens immer noch vor sich, die funkelnden Augen und den zusammengekniffenen Mund. „Wie eine Siegerin", sagt er. Aber dann sei sie doch umgefallen.

Paulus Hochgatterer, geboren in Amstetten, lebt als Schriftsteller und Kinderpsychiater in Wien und im Waldviertel. Mehrfach ausgezeichnet, u. a. Österreichischer Kunstpreis (2010). Zuletzt erschienen: „Fliege fort, fliege fort" (2019).

Für das Leben zu lernen. Und für die Schule.

UNSERE SCHULORDNUNG

1. Wir kommen rein gewaschen, reinlich gekleidet und rechtzeitig in die Schule.

2. Auf dem Schulweg benehmen wir uns artig und anständig.

3. Vor dem Eintritt in das Schulhaus reinigen wir uns die Schuhe.

4. Die Knaben nehmen ihre Kopfbedeckung schon vor dem Eintreten in das Klassenzimmer ab, die Mädchen sogleich nach dem Eintreten.

5. Im Klassenzimmer begeben wir uns sofort auf unsere Plätze und bereiten uns ruhig auf den Unterricht vor.

6. Wenn der Lehrer oder andere Personen das Klassenzimmer betreten oder verlassen, stehen wir auf und grüßen höflich.

7. Während des Unterrichtes bemühen wir uns, gerade zu sitzen und aufmerksam zuzuhören. Werden wir gerufen, erheben wir uns rasch und antworten laut und deutlich.

8. Wenn einer von uns zu spät kommen sollte, entschuldigt er sich sofort. Gegen sämtliche Lehrpersonen sind wir ehrerbietig, gehorsam, offen und wahr.

9. Während der Pause machen wir keinen Lärm. Beim Spiel im Schulhof sind wir nicht ausgelassen. Zu unseren Mitschülern sind wir immer freundlich und hilfsbereit. Wir wollen einander dienen!

10. In allen Streitfällen, die wir nicht allein in Güte schlichten können, wenden wir uns vertrauensvoll an unseren Lehrer. Einen Verlust oder einen Fund von Gegenständen melden wir sofort.

11. Wir halten unsere Schulräume rein. Auch Bücher und Hefte halten wir sauber und in gutem Zustande.

12. Wir werden daheim stets fleißig lernen und unsere Aufgaben gewissenhaft und rein ausarbeiten.

Zeichnungen: Fritz Clöbits   Druck: Univ.-Buchdruckerei Styria Graz. — 2489-49   Erzherzog-Johann-Verlag Ges. m. b. H. Graz

Kind sein heißt:

Dominik Heher

KIND SEIN HEISST:
FÜR DAS LEBEN ZU LERNEN. UND FÜR DIE SCHULE.

Ob wir wollen oder nicht: Wir lernen ständig. Das geschieht überwiegend automatisch, unterbewusst. Anfangs ist alles neu Erlernte ein Erfolgserlebnis. Doch rasch lernen wir auch, dass die Menschen, die uns umgeben, auf unsere Errungenschaften höchst unterschiedlich reagieren, dass es erwünschte und unerwünschte Fortschritte gibt. Das erste Lied, das wir trällern, vermag – wie falsch auch immer es klingt – die gesamte Familie zu begeistern. Das erste perfekt artikulierte Schimpfwort findet generell weit weniger Anklang. Erwachsene nehmen unweigerlich Einfluss auf die Lernprozesse der Kinder, sei es als Eltern, sei es in Gestalt der Gesellschaft. Die Motive dafür sind und waren stets vielschichtig. Gewiss gibt es gesellschaftlichen Druck und den persönlichen Anspruch der Eltern, gewisse Werte und Verhaltensweisen weiterzugeben; auch treibt der Wunsch an, das Kind zu optimieren und mit der Welt kompatibel zu machen – sei es im Sinne einer erfolgreichen Entwicklung als Individuum, sei es, um der Familie keine Schande zu machen.

Profis mit versteckter Agenda

Kinder in die richtigen Bahnen zu lenken war nie nur Aufgabe der Eltern. Jede Gesellschaft hatte ihre Profis, die Wissen an Kinder weitergaben, von Jagdtechniken bis hin zu Glaubensvorstellungen. Mit der Erfindung der Schrift wurden dann im 4. oder 3. Jahrtausend v. Chr. auch erste Einrichtungen greifbar, die wir als Schulen bezeichnen können. Von der Antike bis in die Neuzeit gab es stets ein Nebeneinander von Privatlehrern und schulischen Einrichtungen, die von Privaten, Vereinen, Herrschern oder Glaubensgemeinschaften betrieben wurden. Nie ging es dabei um eine flächendeckende allgemeine Bildung für alle Kinder, sondern um ein Angebot für wenige Privilegierte. Noch existierte kein Staat, der die Verantwortung für seine Untertanen übernommen hätte. Eine allfällige schulische Ausbildung lag ebenso in der Verantwortung der Eltern wie alle anderen Belange der Erziehung.

Jede dieser Einrichtungen hatte nicht nur die Förderung des Kindes im Sinn, sondern auch die gezielte Weitergabe des eigenen Wertesystems → **S. 62**. Mit der Durchsetzung der Unterrichts- bzw. Schulpflicht ab dem 18. und 19. Jahrhundert offenbarte sich nun auch ersten Staaten, unter anderem dem Habsburgerreich, die Möglichkeit, ihre Untertanen flächendeckend zu indoktrinieren. Mit jedem politischen Systemwechsel ging auch eine Überarbeitung der Lehrinhalte einher. Die Vermittlung eigener Werte ist freilich nicht nur autoritären Strukturen immanent: Auch in demokratischen Systemen zielt Schule schließlich explizit darauf ab, Kinder zu mündigen und kritischen Staatsbürgern zu erziehen.

Schulordnung
um 1950
Karton, 78 × 57 cm
Michelstetten,
Michelstettner Schule

In der Schule sollen uns Fertigkeiten und Inhalte nähergebracht werden, die in den Lehrplänen festgehalten sind. Aber Schule war immer schon weit mehr als das: Es geht auch darum, den Charakter zu formen. So wie die Lehrpläne verändern sich diesbezügliche Anforderungen an die Kinder: Früher ging es vor allem um Disziplin und Manieren, wie sie in dieser Schulordnung vermerkt sind. Heute stehen oft andere Soft Skills im Fokus, etwa Teamfähigkeit.

Solange wir Kinder sind, dominiert die Schule unser Leben. Zugegeben, die Unterrichtspflicht in Österreich erlaubt es Kindern auch ohne permanente Berührung mit dem Schulsystem zu einem Abschluss zu kommen, indem sie zu Hause unterrichtet werden. Für die überwältigende Mehrheit ist jedoch die Schule der wichtigste Taktgeber in ihrem Leben.

Während wir in den ersten Lebensjahren Zeit noch als formloses Kontinuum wahrnehmen, üben wir schon im Kindergarten ein, dass sie verschiedenen Zwecken gewidmet ist: Es gibt Zeit zum Spielen, zum Essen, zum Schlafen. Mit dem Eintritt in die Volksschule lernen wir das Schrillen der Schulklingel kennen, die den Rhythmus vorgibt. Sie ist ein unbestechlicher Gradmesser für Pünktlichkeit, ein Versuch, Lernzeiten eine Struktur zu verleihen, die in den mittleren und höheren Schulen meist in Portionen à 50 oder 100 Minuten serviert werden. Auf dem Stundenplan können wir dann das gesamte Menü einsehen, das uns Woche für Woche kredenzt wird. Er führt uns klar vor Augen, wann wir in der Schule sitzen müssen und wonach wir unsere anderen Aktivitäten auszurichten haben.

Mit dem Eintritt in die erste Institution – sei es die Krabbelstube oder der Kindergarten – gewinnt die Unterscheidung zwischen Wochentagen und Wochenende an Bedeutung. Fortan muss sich nicht zuletzt die Planung des Familienurlaubs in erster Linie nach den Ferien richten. Wie sehr aber auch das tägliche Zeitmanagement einer Familie vom Sein oder Nichtsein der Schule abhängt, ist während der Pandemie eindrucksvoll sichtbar geworden. Die Institution Schule ist mehr als nur ein kleines Rädchen im Uhrwerk unserer Gesellschaft.

Schule ist aber auch ein ganz realer Ort, an dem Kinder einen guten Teil ihrer Zeit verbringen. Seine Gestaltung folgt gewissen Normen, von den Garderoben über die Klassenzimmer bis hin zur Möblierung. Beim grundsätzlichen Design von Klassenräumen lassen sich in den vergangenen 200 Jahren keine wesentlichen Veränderungen erkennen. Zugegeben, Tische mit Sesseln traten an die Stelle der monolithischen Schulbänke → **S. 65**, und Smartboard wie Beamer haben Kreidetafel und Overheadprojektor langsam verdrängt → **S. 67**. An der Raumkonzeption wurde immer wieder einmal gerüttelt, auch so manches Experiment gewagt, aber zu einer flächendeckenden Reform kam es bisher nicht. Auch in den Schulgebäuden selbst spiegelt sich die Haltung der Gesellschaft zur Bildung wider. Im Zentrum stehen eine effiziente Raumplanung und die Abschottung nach außen, um einen geschützten und kontrollierbaren Ort des Lernens zu schaffen. Ein weiterer Schritt in Richtung getrennter Welten für Kinder und Erwachsene war damit getan.

 67

Katalog für Schulmöbel
Fa. Christoph & Unmack, 1911
21 × 29 cm
Baden, Rollettmuseum und
Stadtarchiv Baden,
Inv.-Nr. D 256/1

Die flächendeckende Errichtung von Schulen mit normierten Klassen verlangte auch nach standardisierter Möblierung. In einem Schulsystem, das Kinder vor allem disziplinieren wollte, erwies sich die Schulbank bis in die 1960er-Jahre als praktisch: Sitzteil und Pult waren verbunden. Das sparte Platz und verhinderte lästiges Sesselrutschen. Außerdem fiel die Bank nicht um, wenn ein Kind hochschnellte, weil es der Lehrer aufrief.

Kind sein heißt:

Ulba-Schulbank

Umlegbare Schulbank neuester verbesserter Konstruktion

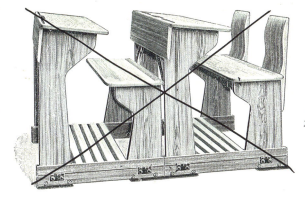

Ulba-Schulbank
K. K.
österreichisches
Patent
angemeldet

Ulba-Schulbank
K. K.
österreichisches
Marken-Muster-
schutz Nr. 6168

Die „Ulba-Schulbank" ist eine **Universal- und Ideal-Schulbank,** die nicht nur nach einzelnen Richtungen Vorzüge bietet, sondern die in jeder Hinsicht allen schulhygienischen, pädagogischen, technischen und wirtschaftlichen Anforderungen, die man an ein **wirklich gutes Schulbank-System** stellt, vollkommen entspricht.

Die „Ulba-Schulbank" ist zweisitzig, sodass jeder Schüler einen Eckplatz erhält, aber trotz der Vermehrung der Zwischengänge beansprucht sie infolge der seitlichen Verkürzung des Sitzbrettes **nicht mehr, wenn nicht weniger Platz,** als die veraltete, unpraktische, mehrsitzige Bank.

Alte zweisitzige Bank 300 cm :: Ulba-Schulbank 280 cm

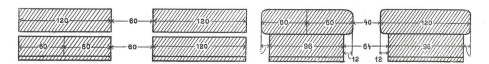

Die „Ulba-Schulbank" ist von unbegrenzter Dauerhaftigkeit, nicht allein weil sie aus **bestem, fast astreinem Ia amerikanischem, durch ein besonderes Verfahren imprägnierten Kiefernholz hergestellt wird,** sondern auch weil sie aus einem fest versteiften, unveränderlichem Ganzen besteht und keine beweglichen Teile hat, denn das behördlicher- sowie ärztlicherseits empfohlene Aufstehen, beziehungsweise seitliche Heraustreten aus der Bank und Niedersetzen vollzieht sich besonders leicht und ohne hygienische Beanstandung und ohne mechanische Hilfsmittel.

— 7 —

Für das Leben zu lernen. Und für die Schule.

„Schlimm! Immer mehr ..."
Gerhard Haderer, in: „Profil
extra", 21.9.1994, und „Stern",
10.6.1999
Papier, 36,9 × 30,4 cm
St. Pölten,
Landessammlungen
Niederösterreich,
Inv.-Nr. KS-18654

„Schlimm! Immer mehr Lehrer haben Angst vor ihren Schülern!" So betitelte der Karikaturist Gerhard Haderer eine kurz nach Schulbeginn 1994 veröffentlichte Zeichnung. In jüngster Vergangenheit schlagen Lehrergewerkschaften immer wieder Alarm, dass Lehrkräfte zunehmend Opfer von Gewalt würden. Verlässliche Zahlen dazu gibt es nicht, doch laut einer Studie von 2018 war etwa ein Viertel der deutschen Pädagoginnen und Pädagogen bereits davon betroffen. Das Spektrum reicht von Beschimpfungen in sozialen Medien bis hin zu körperlichen Angriffen.

Kind sein heißt:

Ein Mikrokosmos

Jede Schule, jede Klasse ist eine Welt im Kleinen und damit ein zentraler Ort für unsere Sozialisierung. So müssen wir lernen, mit Autoritätspersonen auszukommen, auch wenn das hierarchische Gefälle zwischen Lehrkörper und Schülerschaft in den vergangenen Jahrzehnten gewaltig verflacht ist → **S. 66**. Vor allem aber treffen wir in der Schule Unmengen anderer Kinder. Das Umfeld ist künstlich vorsortiert, altersmäßig streng nach Jahrgängen gestaffelt. Wir kommen gar nicht umhin, uns mit unseren Altersgenossen zu vergleichen, und so steuert Schule einen großen Teil zu unserer Selbstwahrnehmung bei. Gehören wir zu den Erstklasslern? Zu jenen, die leicht lernen? Zu den „Schwierigen", wie sogar die eigenen Eltern sagen? Zu den Beliebten oder zu den Außenseitern? Wir müssen lernen, in dieser Gruppe zu funktionieren: Wann gilt es sich zu behaupten, wann sich unterzuordnen, wem aus dem Weg zu gehen und wessen Nähe zu suchen? Die daraus resultierende Gruppendynamik hat positive und negative Seiten. So manche Schulfreundschaften halten ein Leben lang, wenn die gemeinsame Geschichte zusammenzuschweißen vermag. In einer Umfrage aus dem Jahr 2018 gaben quer durch die befragten Jahrgänge etwa 80 Prozent der Kinder an, sich im Klassengefüge wohlzufühlen. Andere aber haben kein leichtes Leben in dieser Gruppe. Rund jeder und jede zehnte Elfjährige in Österreich ist irgendwann einmal Opfer von Mobbing. In den vergangenen Jahren ist das Bewusstsein für das Problem größer geworden, die Zahlen für erlebtes Mobbing im Klassenraum sind leicht rückläufig. Das gibt freilich nur wenig Grund zur Freude, denn zwischenzeitlich hat Cyber-Mobbing Schule gemacht.

Puppenschule
1915–1940
u. a. Keramik und Holz,
14 × 43 × 31 cm
Wien, Technisches Museum
Wien, Inv.-Nr. 68588

Diese Puppenschule ist etwa 100 Jahre alt. Um die Figuren in eine Klasse des 21. Jahrhunderts zu schicken, würde es reichen, die Sitzbänke gegen Stühle und die Schiefertafel gegen ein Smartboard auszutauschen. Denn am grundsätzlichen Aufbau eines Klassenzimmers hat sich seit dem 19. Jahrhundert wenig geändert. Fast erstaunlich, wo doch der „Frontalunterricht" seit gut 20 Jahren verteufelt wird!

67

Für das Leben zu lernen. Und für die Schule.

Iris:

Ich weiß es nicht.

Anna H.:

Man muss nicht alles wissen.

Valerie (9)

Emil (6), Ella (8), Anna H. (8), Lukas H. (11)
und Iris (6)

„Man lernt ja nicht nur von den Heften"

Anna M. (11)

Kannst du Lernen spüren? Und wenn ja, wo?

ANNA H.: Im Herzen.

ELLA, IRIS UND VALERIE: Im Kopf.

EMMA: Ja, im Kopf, wenn man rechnen muss.

CLARA: In der Hand, wenn man viel aufschreiben muss.

ANNA M.: Oder auch in den Füßen, wenn man die ganze Zeit sitzt.

ELLA: Ich fühle es im Gehirn, weil ich jetzt schon in die dritte Klasse gehe, und das ist ziemlich anstrengend für den Kopf.

Gibt Lernen ein gutes Gefühl?

ANNA M.: Wenn man's kann …

EMMA: Wenn es etwas Leichtes ist, schon, wenn etwas schwierig ist, nicht so.

CLARA: Es ist cool, wenn man dann etwas kann.

Wo lernst du?

EMMA: Daheim, in der Schule, eigentlich überall.

ANNA H.: Ja, überall eigentlich.

ELLA: Ich lerne auch überall.

ANNA H.: Wenn man zum Beispiel mit der Schule irgendwo hingeht, kann man etwas über Pflanzen erfahren.

Warum lernst du?

EMIL: Um schlau zu werden.

EMMA: Weil man etwas wissen muss.

VALERIE: Ohne Lernen kann man nicht lesen, und ohne Lesen kann man nichts abschreiben, kann man gar nichts machen – auch nicht rechnen.

EMMA: Und wenn man nicht rechnen kann, kann man wirklich gar nichts.

ELLA: Auch das Lesen braucht man für viele Dinge, weil sonst würde man sich nicht zurechtfinden in der Welt.

LUKAS H.: Und wenn wir in andere Länder reisen, brauchen wir Englisch. Auch Mathematik braucht man in jedem Beruf.

CLARA: Man hätte überall Schwierigkeiten, wenn man nichts weiß.

Wann macht dir Lernen Spaß?

ELLA: Wenn es etwas Einfaches ist.

LUKAS H.: Mir macht es Spaß, wenn ich nicht lernen muss, sondern freiwillig lernen kann, und wenn es einfach zu verstehen ist.

CLARA: Es kommt immer auf den Lehrer oder die Lehrerin an. Wenn ich eine liebe Lehrerin hab, die die Stunde cool und lustig gestaltet, und man trotzdem viel dabei lernen kann, macht es Spaß.

ANNA M.: Man lernt ja nicht nur von den Heften. Man kann ja auch zum Beispiel laufen lernen, oder Leichtathletik, Hochspringen zum Beispiel. Und wenn man es dann kann, macht es Spaß.

Was magst du an der Schule?

VALERIE: Dass man jeden Tag hingeht und aufgeregt ist, was man wieder lernen wird.

ANNA M.: Dass man seine Freunde jeden Tag sieht.

EMMA: Dass man neue Freunde finden kann und dann auch mehr Wissen hat.

CLARA: Dass man was lernen kann.

Für das Leben zu lernen. Und für die Schule.

Die ideale Schule wäre geschlossen!

Anna H.

Emma (7)

Mir macht es Spaß, wenn ich nicht lernen muss, sondern freiwillig lernen kann.

Lukas H.

Alle Interviews zum Nachschauen:

Emil:

Ich würd' mir wünschen, dass die ganze Schule nur aus Discokugeln besteht.

Anna H.:

Dann würde einen alles blenden. Und man würde blind werden.

Mein erster Gedanke, wenn ich „Schule" höre ...

Lernen   ● ● ●
früh aufstehen   ● ●
Freunde   ● ●
Buchstaben lernen   ●
Hausübung   ●
Stundenwiederholungen   ●
Wörter   ●

Kind sein heißt:

Die ideale Schule: Wie wäre die?

ANNA H.: Geschlossen!

EMIL: Für immer und ewig zu. Dann müsste ich nicht hingehen und könnte alles daheim lernen.

VALERIE: Drei Stunden Sport und zwei Stunden Musik.

EMMA: Keine Mathematik.

ELLA: Voller Tiere, die sprechen können ... und nur Turnen als Fach.

LUKAS H.: Ich hätte auch gern nur Turnen, vielleicht ab und zu Informatik, und wenn sich Englisch nicht vermeiden lässt, dann nur ganz leichtes Englisch und nur ganz wenig.

VALERIE: Weniger Hausübungen.

CLARA: Man sollte viel lernen, sich aber die Fächer aussuchen und irgendwelche Freizeitfächer dazu machen können.

ELLA: Und dann würde ich mir auch wünschen, dass das, was die Frau Lehrerin sagt, einfach in meinem Kopf bliebe. Ich würde alles wissen und müsste nichts lernen.

LUKAS H.: Ich hätte gern, dass alles, was der Lehrer oder die Lehrerin erklärt, auf einem Stick ist, den man sich in den Kopf stecken kann, und dann wird es gespeichert.

Wie würde deine Traumschule aussehen?

CLARA: Eigentlich so wie meine jetzige Schule.

EMMA: Mit einem riesigen Schulgarten und vielen Sachen zum Spielen, und die Schule ist innen wunderschön, und jede Minute putzt wo eine Putzfrau.

ELLA: Sie wäre unter Wasser und hätte Tische aus Korallen und jeder Raum wäre anders, zum Beispiel ein Raum mit Savanne und ein Raum mit Wald ... was es halt alles gibt auf der Welt!

LUKAS H.: Meine Schule wäre in coolen und bunten Farben, und die Klassenräume sind viel größer. Ich fände es auch cool, wenn man in jeden Raum eine Discokugel hängt.

ANNA H.: Ich stell mir meine Schule regenbogenfarbig vor, und die Klassenräume sind kunterbunt.

Clara (11)

Für das Leben zu lernen. Und für die Schule.

Der Ernst des Lebens?

„Jetzt fängt der Ernst des Lebens an." Diesen Satz hat wohl jeder Mensch im Vorfeld seiner Schulkarriere mindestens einmal zu oft gehört. Worin dieser neue Ernst besteht, bleibt allerdings diffus. Das frühe Aufstehen und einen geregelten Tagesablauf kennen die Kinder spätestens seit dem Kindergarten; dass es Hierarchien gibt und man manchmal „brav" sein muss, ist einem mit sechs Jahren auch nicht mehr neu.

Was dem Schulbeginn aber sicher eine neue Wertigkeit verleiht, ist der Eintritt in ein System, in dem Leistungen gemessen werden und Druck entsteht, den eigenen und den elterlichen Erwartungen gerecht zu werden. Es ist schön, dass sich die meisten Kinder allen halbernst gemeinten Warnungen zum Trotz auf den Schulbeginn freuen. Er bedeutet einen Schritt in eine neue Phase ihres Kind-Seins, die mit mehr Verantwortung, Rechten und Autonomie verbunden ist.

Zeugnis über meine Schulzeit

Lehrpersonen ....

Schulgebäude ....

Klassenklima ....

Leistungsdruck ....

Inspiration ....

Gelerntes ....

71,9 Prozent der etwa 120.000 Lehrkräfte an österreichischen Schulen sind Frauen. Nimmt man allein die Volksschulen her, sind es gar **92 Prozent**.

2020 besuchten etwa **300.000 Kinder** unter sechs Jahren eine Kinderbetreuungseinrichtung. Seit 1980 hat sich dieser Wert – bei ungefähr gleicher Gesamtzahl der Altersgruppe – fast verdoppelt.

1.142.342 Kinder und Jugendliche waren 2020/21 an Österreichs Schulen gemeldet. 206.996 Schülerinnen und Schülern in den Neuen Mittelschulen standen 122.600 in der AHS-Unterstufe gegenüber. Das **Verhältnis** liegt somit bei **1,7:1** – 1990 hatte jenes von Hauptschule zu Gymnasium noch 2,5:1 betragen.

Im langjährigen Schnitt werden in Österreich etwa **2.500 Kinder** zu Hause unterrichtet. 2021/22 – im zweiten Jahr der Corona-Pandemie – verdreifachte sich diese Zahl auf 7.515 Kinder. Im Schuljahr 2022/23 sank sie wieder auf 4.601.

Quellen:
www.statistik.gv.at/fileadmin/publications/BiZ-2020-2021.pdf
www.kleinezeitung.at/oesterreich/6174599/4600-Kinder-betroffen_Zahl-der-Schulabmeldungen-geht-deutlich-zurueck

Kind sein heißt:

Wie gefällt es Kindern in Österreichs Schulen?

Quelle: Wohlbefinden der österreichischen Schülerinnen und Schüler in der Schule.
HBSC-Factsheet 09: Ergebnisse der HBSC-Studie 2018

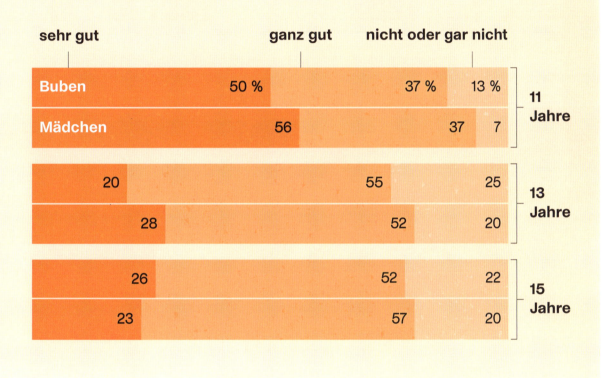

	sehr gut	ganz gut	nicht oder gar nicht	
Buben	50 %	37 %	13 %	**11 Jahre**
Mädchen	56	37	7	
	20	55	25	**13 Jahre**
	28	52	20	
	26	52	22	**15 Jahre**
	23	57	20	

Die Vertragsstaaten erkennen das **Recht des Kindes auf Bildung** an; um die Verwirklichung dieses Rechts **auf der Grundlage der Chancengleichheit** fortschreitend zu erreichen, werden sie insbesondere den Besuch der Grundschule für alle **zur Pflicht und unentgeltlich** machen.

Art. 28.1a der UN-Kinderrechtskonvention

Für das Leben zu lernen. Und für die Schule.

„Die kleinen Virtuosen" → S. 83

Kind sein heißt:
Die Welt begreifen
zu wollen.

Christoph Mauz

Welterforscher mit Elan und der Option für den Fritze-Lack

Als Kind wollte ich vieles werden. Der erste Berufswunsch, an den ich mich erinnere? Chirurg. Weil ein Volksschulfreund auch Chirurg werden wollte. Ich bin mir sicher, die Menschheit dankt es mir noch heute, dass ich den Beruf nicht ergriffen habe, schließlich eigne ich mich, mit zwei linken Händen ausgestattet, nur moderat für das Feinmechanische. Ein anderer Berufswunsch war der des Archäologen. Wobei mir völlig klar war, dass mein Schwerpunkt eher auf der Feldforschung liegen würde, so wie es auch beim bekannten Filmarchäologen Indiana Jones der Fall ist. Daraus wurde ebenfalls nichts. Dass jener Filmarchäologe mir bis heute gelegentlich Trost und Rat spendet, ist mir sehr wichtig und soll hier durchaus erwähnt werden.

Gerne stelle ich meinem jungen Publikum nach Lesungen Fragen. Unter anderem nach seinen Berufswünschen. Dann kommen interessante Antworten: Bauer, Boxerin, Fußballprofi, Ballerina, Polizist, Jedi-Ritter und gelegentlich Welterforscherin oder Welterforscher. Das gefällt mir, ist es doch die ideale „Job Description" für Kinder und Jugendliche.

Diese Gedanken gehen mir durch den Kopf als ich in das wunderbare Biedermeierbild „Die kleinen Virtuosen" von Josef Danhauser eintauche.

Ein Welterforscher und eine Welterforscherin, adrett gekleidet und gut genährt, finden sich in einem düsteren Zimmer wieder, erhellt allein von einem Lichtkegel, der sich den Weg durch das Fenster gebahnt hat. Der Knabe in altrosa und weißer Kleidung sitzt ermattet auf einem Hocker, einen Bogen in der Hand. Damit haben er und seine Gefährtin offenbar ein Cello erforscht, das halb abgedeckt, halb verhüllt in einer Ecke steht. Das dürfte den Knaben aber deutlich ermattet haben; er wirkt, als würde er gleich einnicken. Die Erforschung des Cellos scheint jedoch zumindest so spannend gewesen zu sein, dass das „richtige" Spielzeug, eine Kasperlfigur und einige Puppen, achtlos auf beziehungsweise unter der Kommode abgelegt wurden. Noch hält die rechte Hand des Knaben den Bogen, irgendwann wird er ihr wohl entgleiten.

Die Spielgefährtin, ebenfalls fein gekleidet, ist augenscheinlich von einem etwas anderen Welterforschungskaliber. Denn sie studiert bereits ein Notenblatt. Ob sich ihr erschließt, was sie da sieht? Vermutlich nicht, aber sie scheint davon gefesselt und überaus interessiert.

Sobald dem ermatteten Knaben der Bogen aus der Hand gleitet, wird sie ihn ergreifen und versuchen, dem Instrument Töne zu entlocken. Denn beide Kinder haben sehr wahrscheinlich nicht nur einmal miterlebt, dass der Herr Papa oder die Frau Mama Selbiges mehr oder weniger virtuos vollführte. Gewiss wird in einem Haushalt, in dem ein Cello wohnt, auch hausmusiziert.

Die Töne, die unsere Welterforscherin dem Cello entlocken wird, werden gewiss nicht virtuos klingen, sie werden ihren müden Kollegen aus dem Schlaf aufschrecken, vielleicht wird er sogar in eindrucksvoller Lautstärke zu weinen beginnen, und über kurz oder lang wird der rechtmäßige Besitzer oder die rechtmäßige Besitzerin des kostbaren Instruments in das Zimmer stürmen und sehr nachdrücklich darauf hinweisen, dass auf dem Cello zwar öfters gespielt werde, das Cello deswegen aber noch lange kein Spielzeug sei. Das Mädchen wird darauf wahrscheinlich sehr verdrossen reagieren, zumal ihr der schlafgrantige Knabe schadenfroh die Zunge zeigen wird. Detailreiche Schilderungen drakonischer biedermeierlicher Kindererziehungsmaßnahmen erspare ich Ihnen und mir. Da Knaben allgemein als etwas lärmaffiner gelten als Mädchen – Das war gewiss schon im Biedermeier so! –, ist aber davon auszugehen, dass, während das Mädchen in seinem Zimmer dunstet, der Knabe sich vor Ärger versuchen wird, in den Hintern zu beißen, ist er doch nicht auf die Idee gekommen, dem Cello mit dem Bogen herrlich kreischende Töne zu entlocken.

So oder so, das Interesse ist geweckt, der Funke übergesprungen. Die Kinder haben entdeckt, dass auch sie auf diesem Instrument Töne produzieren können … und das nun auch wollen. Der Wunsch, Melodiöseres zu erzeugen, ist ab diesem Zeitpunkt vorhanden, er wird immer größer und größer werden. Ob eines der beiden Kinder jemals virtuos Cello spielen wird? Das steht in den Sternen. Natürlich besteht auch die Möglichkeit, dass beide Kinder gänzlich unmusikalisch und untalentiert sind, aber versucht haben werden sie es, und das ist das Wichtigste.

Mich selbst zog es irgendwann übrigens ins Verlagswesen, und ich habe die Buchbranche 15 Jahre lang sehr intensiv kennenlernen dürfen. Als 1998 mein erstes Buch erschien, war mir klar, dass ich meinen Weg gefunden hatte. Da war ich allerdings schon 27 Jahre alt und hatte formvollendet einige Fritze-Lacke, also Bauchflecke, vollführt. (Die Bezeichnung leitet sich vom Etikett der Firma Fritze Lacke ab. Es zeigt einen latzbehosten Lehrbuben nach einem spektakulären Sturz, bei dem sich Lack aus Farbkübeln auf dem Bretterboden verteilte.)

Kind sein heißt:

Entdecken, versuchen, eventuell scheitern und dann etwas anderes erforschen, vielleicht wieder scheitern, aber das Erforschen und Versuchen trotzdem nicht aufgeben ... Das Aufstehen nach einem Fritze-Lack ist das Wichtigste, das Kinder erfahren dürfen, und dabei müssen wir, die wir ebenfalls erforscht haben, gescheitert und wieder aufgestanden sind, sie unterstützen und begleiten.

Gescheitert bin auch ich gelegentlich, und nach jedem Bauchfleck habe ich mich an einen Satz erinnert, der dem jungen und noch nicht berühmten Indiana Jones – er war damals, in Steven Spielbergs Film „Indiana Jones and the Last Crusade" (1989), zwar schon Welterforscher, aber noch kein Archäologe – von einem Bauchfleckverursacher und Grabräuber in Utah 1912 mitgegeben worden war: „You lost today, kid, but that doesn't mean you have to like it!" Dieser Satz begleitet mich nun schon seit 33 Jahren und hilft mir, nach jedem Fritze-Lack trotzig durch die Nase Rotz aufzuziehen und weiter zu forschen und zu entdecken. Denn das soll man sich nie nehmen lassen, niemals!

Christoph Mauz, geboren in Wien, lebt in Niederösterreich und Wien. Zunächst als Buchhändler und im Verlagswesen tätig, heute Autor, Interpret und künstlerischer Leiter des Kinder- und Jugendbuchfestivals KIJUBU, St. Pölten.

Die Welt begreifen zu wollen.

In einer Zeit, in der wir die meisten Erfahrungen nur aus zweiter Hand machen und den Großteil unseres Wissens von anderen vermittelt bekommen, bleibt das eigene Entdecken und Forschen oft auf der Strecke. Seit den 1950er-Jahren gibt es das Konzept der Waldkindergärten, in denen sich der Alltag der Kinder fast ausschließlich im Freien abspielt. Der enge Kontakt zur Natur unterstützt nicht nur die motorische Entwicklung der Kinder, sondern auch deren taktile Wahrnehmung.

Dominik Heher

KIND SEIN HEISST:
DIE WELT BEGREIFEN ZU WOLLEN.

Als Kinder sind wir die geborenen Forscherinnen und Entdecker. Von Geburt an wollen wir ständig mehr wissen. Es reicht uns aber nicht, Resultate zu sehen, und so machen wir uns auf die Suche nach Gründen. Wir erproben Neues, überprüfen durch Wiederholung, hinterfragen alles und bohren unablässig nach. Dafür braucht es nur eine „reiz-volle" Umgebung, in der wir selbst entscheiden, was wir begreifen wollen.

Neugierig von Anfang an

Wie schon Aristoteles feststellte, beginnt das Philosophieren mit dem bloßen Staunen. Doch selbst wenn die Neugierde bis zum Tod nicht von unserer Seite weichen wird, sind wir nie mehr so wissbegierig und zum Staunen fähig wie als Kinder. Schon bei Säuglingen lässt sich beobachten, dass sie Neues als besonders spannend betrachten. Messen lässt sich das daran, wie lang der Blick des Säuglings bei einer Sache verweilt. Neugier stellt also sicher, dass wir ständig weiterlernen. Ob wir schon bei der Geburt ein gewisses physikalisches Grundverständnis mitbringen oder dieses sehr schnell aufbauen, ist in der Forschung umstritten. Jedenfalls wissen wir beispielsweise schon sehr bald, dass Gegenstände hinunterfallen. Tun sie es nicht, etwa im Zuge manipulierter Versuchsanordnungen, werden wir stutzig, wir staunen. Dabei belassen wir es aber nicht, sondern wollen diesem eigenartigen Ding auf den Grund gehen, es anfassen und erkunden, warum es sich unerwartet verhalten hat → **S. 83**. Nur durch Neugier, durch Ausprobieren können wir die Welt verstehen lernen, Sinneseindrücke ordnen, Erwartungshaltungen entwickeln und schlussendlich die Auswirkungen unseres Handelns abschätzen → **S. 78**. Es ist ein ständiges Trial-and-Error-Verfahren, mit dem wir uns schrittweise dem eigenen Körper und der Welt nähern, die ihn umgibt. Unser Gehirn arbeitet dabei auf Hochtouren. Der Anteil an Energie, die es verbraucht, ist mit vier bis fünf Jahren in Relation vier Mal so hoch wie im Erwachsenenalter.

◉◉ 83

Begreifen und erklären lassen

Sofern andere Menschen ihr Wissen mit uns teilen, müssen wir aber zum Glück nicht alle Erfahrungen selbst machen. Studien zeigen sogar, dass wir als Säuglinge Pflanzen gegenüber sehr skeptisch sind – evolutionstechnisch ein kluger Zug, denn ob eine Pflanze giftig ist oder nicht, sollte man besser erfragen als ausprobieren. Wie gut, dass wir als Kinder nicht nur neugierig, sondern auch kommunikationsfreudig sind! Schon als Babys vermögen wir andere Menschen instinktiv dazu zu bringen, sich mit uns auseinanderzusetzen. Versuche belegen, dass Säuglinge Stresssymptome zeigen, wenn ihre Kommunikationsversuche unbeantwortet bleiben … was im Normalfall ohnehin nicht geschieht. Denn die Natur hat es eingerichtet, dass auch Kinder und Erwachsene Interesse daran haben, mit Babys zu sprechen. Unabhängig von ihrer Kultur und Sprache adaptieren Erwachsene die Höhe und Melodik ihrer Stimme sowie den Satzbau in sehr ähnlicher Weise, wenn sie mit Babys sprechen. Schon länger ist belegt, dass diese „Ammensprache" genannte Anpassung Babys das Lernen erleichtert. Auch lässt sich beobachten, dass wir unsere Gesichter instinktiv optimal ins Blickfeld eines Säuglings rücken und die Kommunikationssituation optimieren.

Die Grundlage, um erfolgreich kommunizieren zu können, ist also vorhanden. Schon als Kleinkinder nutzen wir das, um Unbekanntes zu erfragen. Instinktiv und hoffnungsvoll wenden wir uns an unsere älteren Artgenossen, die bisweilen ratlos im Dunkeln tappen, was wir denn von ihnen begehren.

Doch im Lauf des ersten Lebensjahres erhalten wir die Kontrolle über ein mächtiges Werkzeug: unseren Zeigefinger. Das Zeigen wird zum zentralen Kommunikationsmittel. Damit können wir die Aufmerksamkeit anderer Menschen auf Dinge lenken, die wir spannend finden. Studien belegen, dass das Gehirn von Kleinkindern Zeigegesten ganz ähnlich verarbeitet wie jenes von Erwachsenen – und das schon Monate, bevor sie selbst zeigen können. Zu unserer Verteidigung: Als Kleinkind verwenden wir den Zeigefinger nicht nur, um andere herumzukommandieren. Man hat beobachtet, dass wir charmanterweise auch auf Dinge zeigen, wenn sie uns erfreuen und wir diese Freude mit Artgenossen teilen möchten.

Warum? Darum!

Sobald die ersten Wörter über unsere Lippen kommen, wird das Einholen von Informationen über die Welt einfacher. Und zugleich komplexer. Früher oder später wird „Warum?" unser treuester Wegbegleiter. Ein machtvolles Wort, können wir uns doch mit keinem anderen zielstrebiger den Zusammenhängen der Welt nähern. Ein effizientes Wort, ist es doch leicht zu formulieren, dabei klar und kompromisslos ... und, ja, bisweilen auch nervtötend für die auserkorene Auskunftsperson. Während das Wörtchen dem wissbegierigen Kind leicht von den Lippen geht, bringt es Erwachsene allzu oft in die Bredouille, wenn nämlich entweder das eigene Wissen an seine Grenzen gelangt oder es nicht angemessen erscheint, die erbetenen Informationen preiszugeben.

Als Kinder haben wir eine Zeitlang noch den Luxus, keine Scham und keine gesellschaftlichen Konventionen zu kennen. Wir stellen Fragen jedweder Art, zu jedem Thema und in jeder möglichen wie unmöglichen Situation. Nur langsam entwickeln sich ein Schamgefühl und das Gespür dafür, was man laut aussprechen darf und was nicht. Umgekehrt ist es interessant, wie schnell sich Erwachsene peinlich berührt fühlen, wenn ein Kind nach den natürlichsten Dingen fragt. Vor allem in solchen Situationen wird uns Erwachsenen bewusst, wie viele und welche Themen gesellschaftlich tabu sind. Auch das ändert sich freilich ständig. Zu den größten heutigen Tabus gehören zweifellos Sexualität und Tod – Themen, die für Kinder in der Vergangenheit noch weit unmittelbarer erfahrbar waren, als sie es heute sind → **S. 03**. Dass wir unangenehme Themen von Kindern (und bisweilen auch von uns selbst) fernhalten wollen, ist wohl auch ein Resultat eines veränderten Blicks auf das Kind, der dessen potenzielle Verletzlichkeit betont.

Lammily
2014, 28 × 10 × 6 cm
Schallaburg, Schallaburg
Kulturbetriebsges.m.b.H.

Die Puppe Lammily wurde als Gegenstück zu klassischen Modepuppen angelegt. Ihr Körperbau soll sich an jenem einer durchschnittlichen 19-jährigen Frau orientieren und Kindern solcherart ein realistisches Gefühl für den menschlichen Körper vermitteln. Dementsprechend lassen sich der Puppe mittels Stickern sogar Pickel, Narben oder Schwangerschaftsstreifen verpassen. Auch eine Menstruationsergänzung samt illustriertem Erklärbuch ist erhältlich. Sie soll es Eltern erleichtern, mit ihren Töchtern über die Veränderung des weiblichen Körpers zu sprechen.

Die Welt begreifen zu wollen.

Eigentlich sollte es uns zu denken geben, dass der Antrieb, etwas Neues verstehen zu wollen und zu lernen, bereits angelegt ist. Natürlich können Ältere die Neugier des Kindes fördern, Reize anbieten und sein Staunen über die Welt teilen. Aber Belehren im Sinne eines Befüllens des kindlichen Gehirns mit Wissen funktioniert nur bedingt bis gar nicht. Von Geburt an sind wir aktive Lernende. Das Angebot stellt uns dabei durchaus vor Herausforderungen. Unsere Umgebung heute ist im Vergleich zu früheren Jahrhunderten sicher nicht reizärmer geworden, ganz im Gegenteil. Technischer Fortschritt und Digitalisierung fordern Kindergehirne in einer bislang unbekannten Art und Weise. Der Preis dafür: eine zunehmende Eindimensionalität im Wissenskonsum und eine geringere Beschäftigung mit der Natur. Schon der Universalgelehrte Johann Amos Comenius forderte 1658, dass Kinder die Stube verlassen und Weisheit schöpfen „aus Himmel und Erde, aus Eichen und Buchen, sie müssen die Dinge selbst kennen und erforschen und nicht nur fremde Beobachtungen und Zeugnisse darüber [...] Alles soll wo immer möglich den Sinnen vorgeführt werden, was sichtbar dem Gesicht, was hörbar dem Gehör, was riechbar dem Geruch." Was würde der gute Comenius wohl vom digitalen Zeitalter halten?

„Die kleinen Virtuosen"
Josef Danhauser
(1805–1845), 1843
Öl auf Karton, 40 × 36 cm
Wien, Belvedere, Wien,
Inv.-Nr. 6071

Der Spielsachen und Puppen sind die beiden offenkundig bereits überdrüssig. Was man wohl mit den Instrumenten und Notenblättern alles anstellen kann? Lange Zeit waren Kinder nicht oder kaum Gegenstand künstlerischen Interesses. Das änderte sich im Lauf des 18. und frühen 19. Jahrhunderts. Auch Künstler studierten nun kindliche Eigenschaften und Eigenheiten, wie etwa hier das neugierige Durchstöbern der Welt der Großen. Praktisch, wenn man als Künstler – so wie im Fall Danhausers – selbst Kinder hatte, die als Motive herhalten konnten.

Kind sein heißt:

Valerie (9)

Alexander (4)

„Ich weiß, wie sich Neugierde anfühlt!"

Flora:

Wenn mir langweilig ist, werde ich neugierig. Dann schau ich, was im Süßigkeitenkastel ist, und ess alles auf.

Beschreib Neugierde!
JOHANNA: Verblüfft schauen.
JONATHAN: Dass ich alles wissen will.
LUKAS S.: Neugierde ist zum Beispiel, wenn ich ganz oben auf einem Dach stehe und runterschaue und dann wissen möchte, wie hoch das ist.

Wie fühlt sich Neugierde an?
VALERIE: Lustig.
ALEXANDER: Wie wenn ein Hai vorbeischwimmt ...
CLARA: Es ist so ein bisschen ein Kribbeln im Bauch. Ich will etwas ganz genau wissen, und dann stell ich auch ganz viele Fragen ...
DAVID: Ich weiß, wie sich Neugierde anfühlt! Dass man unbedingt etwas drücken oder rausziehen will.
EMMA: Dass ich alles wissen will, und dass ich dann immer wieder Fragen stelle.

Und willst du viel wissen?
EMMA: Ja!

... oder alles?
EMMA: Nein, aber viel!

Was tust du, wenn du etwas nicht weißt: Fragst du jemanden oder schaust du wo nach?
VALERIE: Dann frag ich die Mama.
CLARA: Ich mach meistens beides. Ich frag entweder meine Eltern oder meine Professoren, oder ich schau in irgendwelchen Büchern nach, zu Hause oder in der Schule, manchmal auch auf Google.
EMMA: Ich frag die Frau Lehrerin oder Mama und Papa, manchmal auch Siri.

Kind sein heißt:

Flora (8), Jonathan (6), Lukas S. (5) und David (8)

Clara (11)

Die Welt begreifen zu wollen.

David:

Heute waren wir auf einem Schulausflug und sind mit dem Bus gefahren. Da waren an der Decke Knöpfe, und ich hab' gleich alle gedrückt. Ich will nämlich immer alles wissen. Einmal ist dann das Licht angegangen und wieder aus, einmal hat es ein komisches Geräusch gegeben, und dann ist der Bus stehen geblieben.

Flora:

Ich weiß, was das ist. Das ist ein Stopp-Knopf, und wenn man den drückt, bleibt der Bus stehen.

David:

Genau, den hab ich gedrückt. Und meine Lehrerin war nicht sehr ... erfreut.

Ella (8)

Worauf ich total neugierig bin ...

Auto fahren
arbeiten gehen
ein eigenes Haus bauen
Sachen erfinden

Kind sein heißt:

Emma (7)

Sofie (3)

Anna M. (11)

Johanna (4)

Ich will alles wissen!

Jonathan

Sara (4)

Wer ist neugieriger: Erwachsene oder Kinder?

JOHANNA: Kinder.

SARA: Ich bin auch neugierig.

FLORA: Erwachsene. Immer, wenn ich aus der Schule komme, heißt es: „Was war heute los? Wie war es?"

JONATHAN: „Was gab's zum Mittagessen?"

DAVID: „Was hast du gemacht?"

ANNA M.: „Was ist in dieser Stunde gewesen? Was war in Turnen, hat sich jemand verletzt …?"

EMMA: „Und, wie war's? Was hast du erlebt? Was hast du heute gelernt?"

CLARA: Wenn ich mit jemandem telefoniere und dann fertig bin, fragt mich der Papa oft: „Wer war das? Was hat er gesagt? Was hat er gebraucht?"

JONATHAN: Eindeutig die Erwachsenen!

VALERIE: Ich bin aber auch immer neugierig, wenn meine Schwester nach Hause kommt.

Wann seid ihr besonders neugierig?

JOHANNA: Wenn zum Beispiel eine Fledermaus im Haus herumfliegt.

SARA: Wenn man ein Reh sieht …

ALEXANDER: … oder eine Katze …

SOFIE: … oder einen Hund. Den kann man auch streicheln.

Was würdest du gerne einmal ausprobieren?

JOHANNA: Schreiben und lesen. Aber eigentlich kann ich schon schreiben, nur einzelne Buchstaben halt.

ELLA: Ich würde gern einmal ein Baumhaus bauen, entweder mit Freundinnen oder mit meiner Familie.

JONATHAN: Ich würde gern bei den Erwachsenen beim Fußball mitspielen.

DAVID: Ich will autofahren, ich will unbedingt autofahren.

LUKAS S.: Ich will Schach probieren.

FLORA: Schach kann ich schon, aber Kraulen würd' ich gern mal versuchen.

Die Welt begreifen zu wollen.

Für ein besseres Verständnis

Wenn Kinder und Erwachsene miteinander sprechen, sind Missverständnisse oft vorprogrammiert. Im Rahmen der Ausstellung „Kind sein" wurde daher ein Gesprächslabor eingerichtet, um real erlebte Situationen zu diskutieren, in denen es zu Kommunikationsproblemen zwischen den Generationen kam. Die erarbeiteten Lösungsvorschläge, Tipps und Analysen finden Sie auf:
www.schallaburg.at/gesprächslabor

Die Vertragsstaaten erkennen die wichtige Rolle der Massenmedien an und stellen sicher, dass das Kind **Zugang hat zu Informationen** und Material aus einer Vielfalt nationaler und internationaler Quellen, insbesondere derjenigen, welche die Förderung seines sozialen, seelischen und sittlichen **Wohlergehens** sowie seiner körperlichen und geistigen **Gesundheit** zum Ziel haben.

Art. 17 der UN-Kinderrechtskonvention

Die Neugier der Großen

Die Welt der Kinder mag sich mit jener der Erwachsenen überschneiden, und dennoch haben die Erwachsenen nur wenig Einblick darin. Wie Kinder sprechen und womit sie sich beschäftigen, ist für Erwachsene oft rätselhaft. Und? Neugierig geworden?

siuuu!: Ausruf der Freude, geprägt durch den Torjubel von Cristiano Ronaldo

sheesh: Ausdruck des Erstaunens

Gigachad: ein klischeehaft übertrieben maskuliner Mann mit definierten Muskeln, perfekter Frisur und markantem Kinn

Chaya: im positiven Sinn eine attraktive, im negativen Sinn eine eingebildete Frau

Mashallah: signalisiert Dankbarkeit, Respekt oder Freude; ursprünglich steckt dahinter die arabische Redewendung „Was Allah wollte"

cringe: aus dem Englischen kommend, bedeutet „zusammenzucken" oder „erschaudern"; beschreibt eine Situation, in der man sich fremdschämt

Zum Staunen ist man nie zu alt

Selbst wenn wir als Erwachsene die physikalischen Grundlagen der Welt kennen, versetzen uns schon kleinste Experimente in den Zustand des kindlichen Staunens zurück. Unbedingt ausprobieren, ob mit Kind oder ohne:

Schleimschlamm (Oobleck)

Was wird benötigt?
· Wasser
· Stärke (z. B. Kartoffel- oder Maisstärke)
· Lebensmittelfarbe (optional)

Zubereitung:
Stärke und Wasser (mit Lebensmittelfarbe) im Verhältnis 2:1 in einer Schüssel langsam miteinander verrühren. Bei Bedarf noch Wasser hinzufügen, bis sich der Zustand der Masse wie auf dem Foto zeigt.

Was passiert?
Das Gemisch aus Wasser und Stärke verhält sich nicht wie eine normale (newtonsche) Flüssigkeit und dadurch nicht unserer Erwartungshaltung entsprechend. Das merkt man spätestens, wenn man Druck auf die Flüssigkeit ausüben will oder etwa eine Murmel hineinwirft. Mehr sei hier nicht verraten …

Zahlreiche weitere Experimente finden sich in den „DIY Experimente Handbüchern" der Abteilung für Wissenschaft und Forschung des Landes Niederösterreich, kostenlos zu beziehen unter folgender Adresse:

Kind sein heißt:
Sich eigene Welten schaffen
zu können.

Fantasietier → S. 99

Julian Schutting

Nicht nur erste Male

Kein Glockenschlag kann uns in Erinnerung rufen, was wir im Dämmerzustand der Menschwerdung als allererstes gehört haben, da wir erst bei Tag Erlebtes träumen: der Herzschlag der Mutter ist es so lange, bis sie uns aus ihr herausholen. die Welt der Erwachsenen uns beispielsweise so angeeignet: Cousine Helga schreitet mit einer auf einen Polster gebetteten Gladiole auf mich zu und ich frage: „Wie soll das Kind heißen?" auf die Antwort hin: „Gladiole" besprenge ich dieses Blumenkind mit einem Birkenzweigerl und taufe es auf den schönen, mir neuen Namen. aber heute, wo mich erste Male zu beschäftigen haben, stellt sich als erstes ein, woran noch nie gedacht: wohl auf eine Empfehlung hin auf einen Tonscherben gestreute Getreidekörner beträufle ich etliche Tage lang mit Regenwasser, wozu auch immer das gut sein soll, und eines Morgens hat sich winziges Grün vielfach ans Licht gesprengt: sehe mich darübergebeugt in feierlicher Andacht verharren, als wäre mir, von mir zum Leben erweckt, die Erschaffung von Getreidefeldern und somit auch von Brot geglückt.

Also daraufhin nun recht anderes, wofür die Redewendung ‚Da ist mir fast das Herz stehen geblieben' kaum eine Übertreibung wäre. nach der Aufnahmsprüfung ins Gymnasium bei den Wiener Großtanten einquartiert, gleich am ersten Ferientag bei der Mutter eines Veterinärstudenten, Praktikant bei meinem Vater, zum Mittagessen eingeladen. noch nie

über ein erstes Stockwerk hinausgekommen, aus einem vierten in einen Abgrund hinunterzuschauen. sogleich vom Tierfreund gepackt, schwenkt er mich, im Liegen auf seinen Armen, aus dem Fenster hinaus. wie ein in der Kälte erstarrender Maikäfer halte ich still, starre mit angehaltenem Atem vor mich hin – es wird ihm doch gelingen, mich ins Zimmer zurückzuschwenken! (ob ich ihm mit einer Abwehrbewegung hätte entgleiten können, das mich erst beim Mich-Abseilen auf einer der ersten Klettertouren gefragt.)

Einzigartiges mit dem Vater? an einem Heiligen Abend ihm den vom düsteren Himmel geschossenen Fasan, Apportierhund bei der Mutter geblieben, durch den Schnee herbeizuschleifen und den dann an einem ihm um den Kragen gelegten Riemen geschultert heimzutragen. in der Veranda, so lang er noch blutwarm ist, immer wieder in den einzigartigen Duft des Gefieders die Nase zu stecken (heutzutage ‚fasanenfarben'! meiner Vorstellungskraft zu befehlen, und dieser Duft stellt sich wieder ein)

Einzigartiges mit der Mutter? der Ausflug auf die Forsteralm. ein Bussard, mir wohlbekannt, kreist hoch über unter luftigen Naturschutzsturz Gestelltem namens Frauenschuh und Türkenbund – möchte er ein Bündnis der brandschatzenden Türken (ja, da waren auch wilde Feuerlilien!) mit uns Christen segnen, und müßten jene zuvor aus einem Frauenschuh Weihwasser trinken?

Mein erster, für lange einziger Toter? als ein Schulkind auf dem Friedhof in eine Kapelle getreten, vor einem langen, schmalen Tisch zu stehen, von Blumenbuschen überladen. an dessen Ende angelangt, auf einmal so nahe, als wolltest du ihm etwas ins Ohr sagen, einen Greis, ein spitznasiges, schmallippiges Greisengesicht mit halbeingesunkenen Wangen vor dir zu haben – ganz leise wegzuschleichen: ob nun, ihn ja nicht aufzustören, oder um nicht bei Verbotenem erwischt zu werden? (bald danach Äthernarkose, Schienbein muß aufgeschnitten werden. im Zählen kommst du nicht weit, schon schlägt dir eine Zirkuspeitsche gegen die Beine, damit du höher springst!)

Sexualität? ein Tierarztkind bedarf keiner diesbezüglichen Aufklärung, wohnt ja von klein auf Pferdehochzeiten bei; und auch die über die ‚Christkind‘ genannte, mit Geschenken überall gleichzeitig zufliegende rosa Fee durfte ausbleiben, als wohlmeinende Phantasie der Wiener Tanten unwidersprochen geblieben. die mir als die erste sexuelle Erregung erinnerliche (scheinbar?) von Mitgefühl hervorgebracht. im Garten der Großmutter reißen dessen Großmutter und Mutter dem mir Gleichaltrigen die Hose herunter – „So ein großer Bub macht in die Hosen!“ –, zerren ihn zum Ziehbrunnen, drücken ihn auf die Bretter überm Brunnentrog und lassen den Wasserstrahl auf seinen Unterkörper so niederzischen, wie wenn sie ihn genau so auspeitschen könnten. eine heftige Körperbewegung begleitet mich zum Gartentor. bei der ersten Mathematik-Schularbeit, zirka fünf Jahre später, erneuert sich dieses Phänomen, nun von unwiderstehlicher, von Angst gesteuerter Dauer: alle anderen rechnen und rechnen, du aber drehst nur am Schreibstift, bleibst dem lustvoll schwellenden Stau hingegeben, gesteigert der von einem „Bald wird es läuten, bald ‚Abgeben!‘ es heißen“ – aber du? schlechte Noten der Preis für die heimlichen Genüsse (der Herr Professor,

der meine mündlichen Leistungen schätzt, bleibt über den Grund schriftlichen Versagens unaufgeklärt).

Als ein nicht von Phantasie traktiertes Kind in der Welt der Erwachsenen kaum weniger als herangewachsen beheimatet gewesen: das ‚Wie wenn‘, das ‚Als ob‘ es mir früh angetan gehabt, vielleicht weil in der Nachkriegszeit panierte Zellerscheiben als Wiener Schnitzel fungiert haben. geleite jüngere Nachbarskinder in unserem Garten durch ein Freilichtmuseum: „Hier ein Beet wie eines mit richtigen Karotten – zöge ich solch eine an ihrem naturgetreuen Büschel aus der Erde, würden Sie sie als eine zurecht ‚Karotte‘ genannte Wurzel ansehen, auch wenn sie nur karottenfarbig bemaltes Holz ist. Würden Sie von diesem Baum eine Marille pflücken und in sie hineinbeißen, würden Sie sofort nach Kleister Schmeckendes ausspucken. Betrachten Sie die drei Äpfel unterm Apfelbaum – nur einer ist abgefallen, die zwei angefaulten hat ein Künstler so naturgetreu geschaffen, daß sie auch faulig riechen.

Nein, meine Lieben, in den Erdhöhlen da wohnt nichts an Zwergen, wir befinden uns ja nicht in einem Märchen. Wühlmäuse wären darin aufzustören!“

Die Meerischen der Sagenwelt verleiten Schiffer mit ihren Gesängen zu Todessprüngen, die unseren, körperlos in einem Gehäuse auf dem Gemeindehochhaus gefangengehalten, sollen mit ihrem Hinan- und Hinabgeheule der Luft ein Schutz sein vor dem Hornissengebraus der zweiflügeligen Feinde, die über die Eisenerzer Alpen angeflogen kommen? an unser Kellerhäusel gedrückt, schauen wir ein einziges Mal in dem Moment zu dem vibrierenden Dröhnen auf, als eines Bauch ein bleiches Ei entschlüpft – nach der Hand der Mutter gegriffen? „Diese Bombe fliegt noch bis zum Bahngelände mit!", die fast allwissende Mutter, und so laufen wir bis zum Gartengitter unter der Bombe mit.

Der Teufelsdrachen, dem in der Stiftskirche von Ardagger die Jungfrau oder eine andere Heilige Jungfrau mit der Ferse die Lebenskraft zermalmt, hält der wirklichen Wirklichkeit so wenig wie alle Heiligenfiguren stand, das tun schon eher – nein, da noch nicht ein Schulkind gewesen – die kleinen Drachen in einem niederen Becken des Stiftgartens. lasse die mir gern als ‚Kamm-Molche' nehmen.

Ernsteres als ein Wirtshauszauberkünstler soll ich mir einfallen lassen. „Schaut meine Hände an, sind leer, und so lege ich mit leeren Händen nichts auf den Gartentisch, rufe ihm nur eines zu: Na, du hungriger Fisch? und schon hat der dieses n i c h t s verschlungen. und jetzt, liebes Publikum, rufen wir, die Augen geschlossen, ‚Apfel, Apfel, fall vom Baum!' zur Fichte hinauf, und schon riecht sie nicht mehr nach Tannen, sondern wie ein mit Äpfeln geschmückter Christbaum!"

Und haben wir nicht auch den Amstettnern Vertrautes in fremde Sprachen übersetzt?

Wah ein Wab ein Wöswein wehn,
Wöswein auf der Weide? schlief er
schnell, es nackt zu mähn …
Ki-ille Kracht, keilige Fracht, walles
wäft, weinsam wacht
stur das stocksteinige A-alpenkar,
wo der Rabe in flockiger Schar? …
Scheise schieselt der Klee …
und ihre Redewendungen mißbraucht, gegeneinander gehetzt?

Darf denn das Brot am Abend ausgehen? Na, dann brich dir ein Stück vom Bleistift ab! Die Strömung treibt den Teig ab, die in Seenot geratenen Boote treiben Unfug. Mitten in der Fastenzeit hat der Mond merklich zugenommen – wer wird ihm die schwere Beichte abnehmen? Das neueste Buch ist unangenehm, nämlich schwer auf dem Pflaster aufgefallen! Diese streitsüchtige Person trägt einem alles nach: Gebackenes, frisch gebügelte Hemden! du bist deinem Vater aus dem Gesicht geschnitten worden.

Und wollten wir nicht Lehrerweisheiten in ein Wanken versetzen? Wie könnte denn 3 plus 1 genauso 4 ergeben wie 1 plus 3? schon gar nicht wie 5 minus 1? da ist der Rechenvorgang doch ein ganz anderer. in Hinkunft sei 3 plus 3 wie 3 mal 3 gleich 333 (und jetzt lösen wir das Baumstämmen gern eingeritzte Rätsel: *ILD*! In Linz donnerts! oder? Ich lerne Deutsch. oder? Irgendwen lobst du! oder? Ilse läuft davon. oder? Irgendwann lacht Dorothea. oder? Ihr lügt doch! oder? Ihr Ludwig dichtet).

Postscriptum

Wäre ich in der Jetztzeit ein Kind, wäre das Phantasietier nach Entwürfen von Karl Wilhelm für mich eine technisch raffinierte Weiterentwicklung unserer Grottenbahn im Wurstelprater, origineller als der Ärmelkanaltunnel: auf einer Unterwasserbrücke, in einem Windkanälen nachempfundenen Schlauch, mit Pfahlbauten abgeschauten Stützen versehen, werden die Autos von einem Sog in Orkangeschwindigkeit ans andere Ufer befördert, kaum daß sie wie durch einen Rachen eingefahren sind.

Julian Schutting, geboren in Amstetten, Studium der Geschichte und Germanistik, lebt in Wien. Zahlreiche Auszeichnungen, u. a. H. C. Artmann-Preis 2022. Zuletzt erschienen: „Das Los der Irdischen" (2022).

Sich eigene Welten schaffen zu können.

EMMA

Kind sein heißt:

Dominik Heher

KIND SEIN HEISST:
SICH EIGENE WELTEN SCHAFFEN ZU KÖNNEN.

Neugier treibt uns an, die Welt um uns herum zu erkunden und zu verstehen. Aber wir wären keine Menschen, würden wir uns damit zufriedengeben. Wir möchten die Welt auch gestalten und verändern. Maßgeblich ist dabei unsere einzigartige Vorstellungskraft. Sie erlaubt es uns, Dinge zu sehen, die nicht da sind, Gegenstände umzudeuten, ihnen neue Funktionen und Werte zuzuschreiben, Naturgesetze gedanklich auszuhebeln. Und so steht unsere Vorstellungskraft am Anfang jeden kreativen Schaffens. Obwohl wir unser ganzes Leben lang fantasiebegabte Wesen bleiben, betrachten wir Fantasie als vornehmlich kindliche Eigenschaft, sei es herabwürdigend als kindische Hirngespinste, sei es nostalgisch bewundernd als Schöpfungskraft.

Superkraft Fantasie

Dass wir Kinder als Expertinnen und Experten für Fantasie ansehen, kommt nicht von ungefähr. Im Kindesalter ist unsere Vorstellungskraft geradezu unbändig. Je mehr wir von der Welt wissen, je mehr Konventionen wir verinnerlicht haben, je fokussierter unser Blick wird, desto aktiver müssen wir uns darum bemühen, der Fantasie freien Lauf oder sie zumindest an der längeren Leine zu lassen.

Fantasie ist Nervensache, zumindest insofern, als die Entwicklung unserer Vorstellungskraft eng mit jener unseres Gehirns verknüpft ist. Früh im Leben – in Ansätzen schon im zweiten, vor allem aber ab dem dritten Lebensjahr – lernen wir, symbolisch zu denken. Die Welt der Symbole, ob Worte, Handlungen oder Objekte, ermöglicht es uns, abstrakter zu denken, etwa uns abwesende Dinge vorzustellen und uns so (potenzielle) Realitäten auch in der Vergangenheit und in der Zukunft zu konstruieren. Dieser Lernprozess verläuft notwendigerweise spielerisch. Es ist kein Zufall, dass wir in dieser Phase Gefallen an Rollenspielen finden und uns mit bewundernswerter Nonchalance Requisiten schaffen: So wird der Ast zum Pferd, die Kartonage zum Raumschiff, der Teller zum Lenkrad. Es ist auch die Zeit, in der wir beginnen, unsere Vorstellungen in Form von Zeichnungen auf Papier zu bringen → **S. 94**. Im Vorschulalter kommt unserer Fantasie zugute, dass wir logisches Denken erst langsam erlernen. Anders gesagt: Unser Gehirn zimmert sich Erklärungen und Vorstellungen zurecht, mit denen wir leben können, bis sich ein besseres Modell anbietet, das uns glaubwürdiger erscheint. Wo Logik und Erfahrung nicht greifen, bleiben uns immer noch Erklärungen, die wir später als „magisch" abtun würden.

„Mein Traumspielplatz"
Emma
Kinderzeichnung, 2020
Filzstift auf Papier,
21 x 29,7 cm
St. Pölten, KinderKunstLabor

2024 wird in St. Pölten eine neuartige Kunstinstitution eröffnet: das KinderKunstLabor. Im Zuge der Konzeption fragte man Kinder im Vorschulalter, wie sie sich ihren Traumspielplatz vorstellten, und bat sie, ihre Idee in eine Zeichnung umzusetzen. Pädagoginnen interviewten sie dazu und fügten erklärende Notizen ein. Viele Kinder führten erwartungsgemäß vor allem Elemente an, die sie von realen Spielplätzen kannten, etwa Schaukeln oder Rutschen. Allerdings veränderten sie diese oft durch Überdimensionierung, durch Zuschreibung magischer Eigenschaften und Ergänzung fantastischer Elemente wie einer Süßigkeitenrutsche.

Weltenerschaffer

Typisch für diese Phase ist auch, dass wir unbelebten Objekten ein menschliches Wesen und Empfindungen zuschreiben. Ein Stofftier kann sich verletzen, die Sonne traurig sein, weil sie von Wolken verdeckt wird, oder ein Baum sich freuen, weil seine Blätter sich verfärben. Es ist dies auch jene Zeit, in der manche von uns Freundschaft mit einem Fantasiewesen schließen → **S. 97**. Lange Zeit galten solche „Hirngespinste" aus psychologischer Sicht als bedenklich. Heute sieht man darin einfach eine von vielen Äußerungsformen einer lebendigen Fantasie. Mittlerweile wird das Phänomen der imaginären Freunde auch systematisch erforscht. Eine Pionierin auf diesem Feld, die US-amerikanische Psychologin Marjorie Taylor, hat erstaunliche Beobachtungen gemacht. So gaben bei Interviews fast zwei Drittel der Buben und Mädchen im Alter von drei bis sieben Jahren die zumindest kurzzeitige Existenz eines Fantasiefreundes an, meist in Gestalt eines Kindes oder Tieres. Die imaginären Begleiter haben sehr unterschiedliche Aufgaben: Sie sind Spielgefährten, müssen ermahnt und erzogen, bisweilen auch gepflegt und versorgt werden; andere geben durch ihre Superkräfte Rückhalt.

Da unsere Fantasie auch für Alpträume verantwortlich ist, kann die Zeit ihrer Hochblüte mit einer Phase rational unbegründeter Angstzustände zusammenfallen. Wer aufrichtig an das Christkind glaubt, kann auch authentische Angst vor der bösen Hexe haben. Mit der Zeit lernen wir aber immer besser zwischen Realität und unseren Vorstellungen zu unterscheiden. Wir können unsere Eindrücke besser ordnen und filtern. Die Fantasie mit der Pubertät ad acta zu legen wäre aber fatal. Kreativität ist lebenswichtig, um mit Krisen, vor allem aber auch mit Langeweile umzugehen. Die Psychologie hat das längst erkannt und Konzepte für Kreativitätstherapien entwickelt, die etwa in der Suchtprävention Anwendung finden.

Spielzeug zwischen Kreativität und Konsum

Gezielt gefördert im Sinne einer wissenschaftlich fundierten Betrachtung wurde die Kreativität von Kindern spätestens seit dem 18. Jahrhundert, als man begann, Kinder gänzlich anders wahrzunehmen. Hervorzuheben ist hier der Pädagoge Friedrich Fröbel, der nicht nur den Grundstein für die Kindergartenbewegung gelegt, sondern auch das erste systematische Lernspielzeug entwickelt hat. „Spielgaben" nannte er seine Zusammenstellungen aus simplen geometrischen Holzkörpern. Jede Gabe war für eine Entwicklungsstufe konzipiert und sollte das Kind aufbauend und ganzheitlich fördern. Noch heute erfreuen sich Fröbels Spielgaben großer Beliebtheit in der Vorschulpädagogik.

●● 98

Fröbel wirkte in einer Zeit, in der sich die Spielzeugindustrie erst in den Kinderschuhen befand. Gegen Ende des 19. Jahrhunderts aber wuchs der Markt für Spielsachen rasant an. Aufbauend auf den Ideen Fröbels und diese weiterentwickelnd entstand mit den „Anker-Baukästen" → **S. 98** das erste Systemspielzeug der Welt. Die Idee davon wurde seither in vielerlei Richtungen weiterentwickelt und kommerziell genützt.

Nun muss man sagen, dass Spielzeug zwar Freude macht, für die Entwicklung der Vorstellungskraft aber nicht zwangsläufig notwendig ist. In vielen Kindergärten wurde es daher zu einer gängigen Praxis, das vorhandene

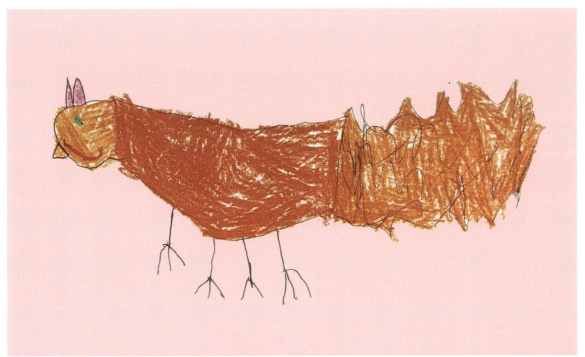

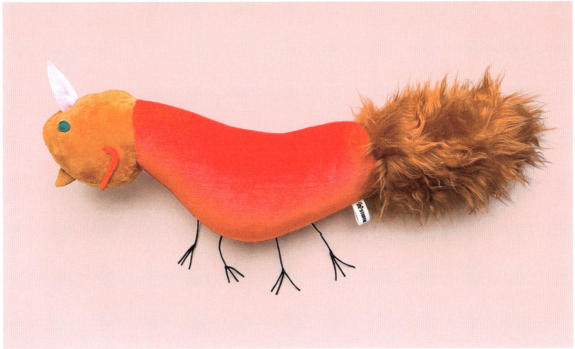

**Stofftier nach einer
Kinderzeichnung**
*2022, Textil,
ca. 50 × 25 cm
Schallaburg, Schallaburg
Kulturbetriebsges.m.b.H.*

Das Eichhörnchen „Rose" war die imaginäre Freundin eines sechseinhalb Jahre alten Mädchens. Rose war unsichtbar und wohnte in einem - ebenfalls imaginären - Haus auf einem Baum im Garten der Familie. Die moderne Kinderpsychologie sieht das Auftreten von Fantasiegefährten als unproblematisch für die psychische Entwicklung von Kindern an.

Sich eigene Welten schaffen zu können.

Anker-Steinbaukasten
Anker, 2017
23 x 32,5 cm
Schallaburg, Schallaburg
Kulturbetriebsges.m.b.H.

Ab 1882 brachte die Firma F. Ad. Richter & Cie. die ersten Baukästen auf den Markt, die miteinander kompatibel waren. „Richters Anker-Baukästen" gelten daher als das erste Systemspielzeug der Welt. Die Steine selbst werden bis heute aus natürlichen Materialien wie Quarzsand, Kalk und Leinöl gebacken. Ihr Gewicht verleiht ihnen Stabilität. Die drei Farben stehen für die echten historischen Baumaterialien Ziegel, Sandstein und Schieferplatten für die Dächer.

Kind sein heißt:

Spielzeug für mehrere Tage oder gar Wochen wegzusperren. Die Erfahrungsberichte decken sich zumeist: Nach einer kurzen Phase der Unsicherheit bei Kindern und pädagogischem Personal werden alle möglichen Gegenstände zum Spiel herangezogen, werden Spiele wiederentdeckt oder erfunden, die ohne eigens hergestellte Requisiten auskommen. Mit ein paar geschickten Handgriffen lässt sich auch aus vielen organischen Materialien mit wenig Aufwand Spielzeug herstellen → **S. 99**.

Dennoch zählt das Versprechen, die Kreativität von Kindern zu fördern, zu den gängigen Verkaufsargumenten. Welches Spielzeug aber regt die Fantasie tatsächlich an? Eines – da ist man sich in der Psychologie weitgehend einig –, das Freiräume ermöglichen soll. Je konkreter die Verwendung eines Gegenstandes vorgegeben, je genauer definiert die Rolle einer Spielfigur ist, desto schwieriger fällt oft das Entwickeln eigener Ideen. Die Krux: Seit den 1960er-Jahren überschwemmen vor allem Lizenz-Spielzeuge den Markt, mit denen man die Abenteuer von Fernsehcharakteren nachspielen kann. Bernard Loomis, ein Wegbereiter der Vermarktungsindustrie, prägte schon 1969 den Begriff „toyetic" für Medienproduktionen, denen er das Potenzial zugestand, den Spielzeugkauf anzuregen. Mit wachsendem Medienkonsum steigt der Anteil dieser Merchandise-Produkte in den Spielzeuggeschäften seither stetig an. Man braucht wenig Fantasie, um den weiteren Trend abzusehen.

Fantasietier
Schülerarbeit nach Entwürfen von Karl Wilhelm (1899–1989) Waidhofen/Ybbs, 5e Museum Waidhofen an der Ybbs „Sammlung des Musealvereins"

Der Pöggstaller Künstler und Kunsterzieher Karl Wilhelm sah in der Verwendung und Umdeutung von Naturmaterialien den besten Weg, die kindliche Fantasie anzuregen. Ab 1920 in Waidhofen, später in Gmunden tätig, fertigte er gemeinsam mit seinen Schülern einfaches Spielzeug an. Mit ein wenig handwerklichem Geschick entstanden so aus Wurzeln, Rinde, Ästen und Zweigen ganze Spielwelten.

Sich eigene Welten schaffen zu können.

Johanna (4), Alexander (4), Sara (4) und Sofie (3)

Lukas S. (5)

Kind sein heißt:

David (8)

„Und dann hab' ich mich in die Fantasie verzaubert!"

Haben Kinder viel Fantasie?
JOHANNA, ALEXANDER, SARA, SOFIE: Ja!

Wer hat mehr Fantasie: Kinder oder Erwachsene?
JOHANNA, ALEXANDER, SARA, SOFIE: Ich, ich, wir!
ISABEL: Wenn man ein Kind ist, hat man mehr Fantasie und kann sich Spiele ausdenken und die dann spielen.
DAVID: Erwachsene haben überhaupt keine Fantasie. Kinder haben mehr Fantasie!

Warum haben Kinder mehr Fantasie?
JOHANNA: Weil sie sich eine Verzauberung ausdenken können.
ALEXANDER: Um eine Hexe zu verzaubern, braucht man kein Spielzeug, sondern einen Zauberstab.
JOHANNA: Nein, ich brauch dafür keinen Zauberstab.
ALEXANDER: Ich schon.
JOHANNA: Ich sag immer nur: „Die Verzauberung beginnt", und dann beginnt die Verzauberung.
ALEXANDER: Oder ich brauch einen Zauberstab, damit ich mich selbst wegzaubere. Mein Zauberspruch geht „Abrakadabra".
JOHANNA: „Hokuspokus Simsalabim, ich bin jetzt in der Geschichte drin" … Und dann hab' ich mich in die Fantasie verzaubert. Ich möchte mich ganz in die Fantasiewelt zu den Drachenreitern zaubern.
ALEXANDER: Ich hab mich mal in eine grüne Farbe verzaubert.

Jonathan (6)

101

Sich eigene Welten schaffen zu können.

Womit spielst du am liebsten?

JOHANNA: Mit Ohnezahn *(einem Drachen, Anm.)*.

ALEXANDER: Mit meiner Ente.

SARA: Mit Schmelzperlen, damit mach ich ein Herz.

SOFIE: Mit meinen Rehen.

FLORA: Meine Lieblingsspiele sind Mikado, Memory und Schach.

DAVID: Und meines ist Jolly.

JONATHAN: Am liebsten spiel ich Uno und Memory und Match.

LUKAS S.: Uno spiel ich auch und Schwarzer Peter, aber Jolly ist besser.

Macht dich Spielen glücklich?

ALLE *(ÜBEREINSTIMMEND)*: Ja!

Was macht dir beim Spielen am meisten Spaß?

JONATHAN: Dass man gewinnt.

LUKAS S.: Dass man Spaß hat.

FLORA: Dass ich überhaupt spielen kann, weil die Kinder im Krieg können gar nicht spielen, die müssen flüchten und Angst haben.

Wann spielst du am liebsten, und mit wem?

ALEXANDER: Am Nachmittag spiel ich.

JOHANNA: Bei mir ist es unterschiedlich. Wenn der Papa da ist, kann er mit uns spielen. Wenn er arbeiten muss oder weg ist, kann er gar nicht mit uns spielen.

SOFIE: Bei Oma und Opa, da hab ich auch Spielsachen.

JOHANNA: Bei Oma und Opa gibt's noch alte Spielsachen von der Mama. Und neue auch.

SOFIE: Ich hab' keine alten Spielsachen.

ALEXANDER: Ich schon.

Habt ihr selbst schon einmal ein Spiel erfunden?

SARA: Ich hab ein Spiel erfunden, ein Memory.

JOHANNA: „Verzauberung" hab ich erfunden.

FLORA: Im Kindergarten habe ich ein Zwetschgenspiel erfunden ... Da gab's sechs kleine Zwetschgen und eine große, außerdem vier kleine Papiertafeln, da waren die aufgezeichnet. Wer die größte Zwetschge hatte, hat gewonnen!

Gibt es Spiele, die Erwachsene nicht verstehen?

SARA: Ja.

JONATHAN: Pokémon zum Beispiel.

FLORA: Das verstehen die Erwachsenen einfach nicht.

DAVID: Und sie verstehen auch nicht, wenn wir zum Beispiel spielen, dass wir irgendwelche Tiere oder so sind.

Darfst du alles spielen, was du willst?

LUKAS S., DAVID: Ja!

JONATHAN, FLORA: Nein!

JONATHAN: „Mario Kart" nicht. Ich darf keinen Gameboy haben.

LUKAS S.: Ich darf damit schon spielen.

DAVID: Ich auch. Ich hab einen Gameboy und alle Spiele.

FLORA: Ich will auch einen Gameboy haben, aber ich hab nur einen bei Oma und Opa.

Gibt es beim Spielen Dinge, die nur ihr sehen könnt?

JONATHAN: Ja, bei Uno kann nur ich meine Zahlen sehen.

DAVID: Bei meinem Monopoly, da springen immer Tiere auf die Seite, die kann nur ich sehen.

JOHANNA: Ich kann zum Beispiel das „Yakari"-Spiel zu Hause sehen, und das können die Erwachsenen nicht sehen.

SARA: Meine Mama hat zu meinem Geburtstag gezaubert. Sie hat gesagt: „Da ist nichts in der Kiste!", und dann schwingt sie den Zauberstab, dann macht sie die Kiste wieder auf, und dann ist eine Süßigkeit drinnen.

Flora (8)

Isabel (11)

Kind sein heißt:

Alexander:

Einmal habe ich einen Würfel erfunden. Den hab ich hochgeschmissen auf unser Dach, und dann war das Dach kaputt. Der Würfel kann auch leuchten, in Rot. Der kann einen Regenbogenzahn erleuchten.

Johanna:

Hä? Was soll ein Regenbogenzahn sein? Du hast doch keinen Zahn, der einen Regenbogen erleuchtet! Oder?

Alexander:

Ich hab' eine Regenbogenbanane. *(lacht)*

Alle Interviews zum Nachschauen:

Johanna:

Sowas gibt's ja gar nicht!

Sich eigene Welten schaffen zu können.

Um die Ecke gedacht

Als Kinder lernen wir, dass man nicht in jedem Buch herumkritzeln darf. Diese Regel ist hiermit außer Kraft gesetzt. Schnappen Sie sich einen Stift und hauchen Sie den Objekten auf diesen Seiten damit Leben ein! Falls Ihnen gar nichts einfallen sollte, können Sie ja ein Kind zu Rate ziehen.

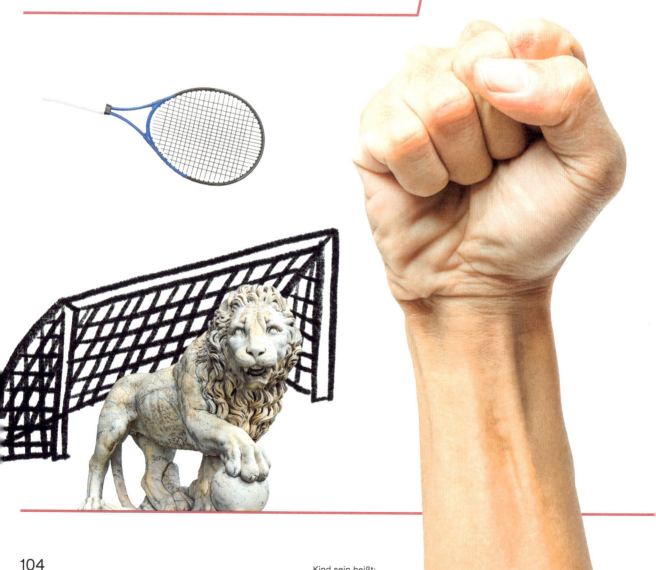

Kind sein heißt:

Die Vertragsstaaten erkennen das **Recht des Kindes auf Ruhe und Freizeit** an, auf **Spiel** und altersgemäße aktive **Erholung** sowie auf freie Teilnahme am kulturellen und künstlerischen Leben ... und fördern die Bereitstellung geeigneter und gleicher Möglichkeiten für die **kulturelle und künstlerische Betätigung** sowie für aktive Erholung und Freizeitbeschäftigung.

Art. 31.1–2 der UN-Kinderrechtskonvention (gekürzt)

Sich eigene Welten schaffen zu können.

Kind sein heißt: In die Schuhe der Großen schlüpfen zu wollen. Oder zu müssen.

Halber Kinderharnisch → S. 115

Schweigen

Der Harnisch begegnete mir als Erstes in den Rittersagen meiner Kinderzeit, der Panzer, den die Krieger über dem Herzen trugen. Ich erkannte, dass in meiner Familie der Harnisch des Schweigens getragen wurde. Er bedeutete Schutz und Gefängnis zugleich, und man konnte ihn zeitlebens nicht ablegen.

*

Sie steigen an einer anderen Station aus als sonst, dort ist die Polizei. Das Kind will nicht hineingehen, aber Mama zieht es an der Hand mit. Drinnen steht ein dicker Polizist am Fenster und raucht. Ich will eine Anzeige machen, sagt Mama. Er führt sie zum Schreibtisch. Das Kind folgt und stellt sich hinter Mamas Stuhl. Mein Nachbar hat versucht, die Tür aufzubrechen, man sieht die Spuren genau. Aber das Schloss ist stark, es hat standgehalten. Dann hat er ein Loch in die Wand zu unserer Wohnung gebohrt, er will mich mit Chloroform betäuben. Der Polizist macht ein komisches Gesicht. Der Mann heißt Czermak, sagt Mama, ein Student, glaube ich. Der Polizist will Mamas Ausweis sehen. Sie sagt Nein. Warum, ich habe nichts getan. Er ist der Übeltäter. Mama hat eine kleine schmale lange Tasche, Kuverttasche sagt sie dazu. Sie holt ein Taschentuch hervor und wischt sich das Gesicht ab. Sie schwitzt. Als sie die Tasche öffnet, blitzt etwas hervor. Der Polizist sieht es, kommt um den Tisch herum. Was ist das? Er nimmt Mama die Tasche weg, sie schreit erschrocken. In der Tasche ist eine goldfarbene große Schneiderschere. Wofür brauchen Sie das in der Tasche? Die Schere ist sehr scharf. Ich muss mich und meine Tochter verteidigen können, antwortet Mama. Der Polizist geht ins Nebenzimmer und telefoniert. Er kommt mit einem zweiten Polizisten zurück. Komm mit, sagt der zweite Polizist zum Kind. Nein! Mama schreit laut. Das Kind muss mitgehen. Es wird in ein Zimmer mit einem langen Tisch geführt, drinnen herrscht Dämmerlicht, die Jalousien sind heruntergezogen. Der Polizist geht und sperrt die Tür hinter sich zu. Das Kind horcht, es ist ganz still. Es will nicht weinen, aber die Tränen fließen so leicht. Nach einer Weile öffnet sich die Tür, eine Frau bringt ein Tablett mit Geschirr. Ich hab dir eine Jause gebracht, sagt sie. Kakao und einen Gugelhupf, das magst du doch. Das Kind will nicht essen und will nicht trinken. Sie hebt das Kind auf den Tisch, so dass sie ihm in die Augen sehen kann. Das Kind schluckt seine Tränen. Warum muss ich da sein? Wir warten auf deinen Vater, sagt die Frau. Das Kind weiß, dass er nicht kommen wird. Papa ist weggegangen, auf immer. Es war besser, er hat Mama nur aufgeregt. Dann war sie ruhig, lange Zeit, bis jetzt. Das Kind bleibt auf dem Tisch sitzen, es lässt die Beine baumeln. Der Kakao wird kalt und bekommt eine Haut. Dann geht die Tür auf und eine andere Frau erscheint. Ich bin Anja, du kannst Tante zu mir sagen. Sie fahren mit der Stadtbahn in die Girardigasse, wo die Tante in einer Zimmer-Küche-Wohnung wohnt. Sie hat eine Katze, den Fritz. Das Kind will ihn streicheln. Er pfaucht und schlägt mit seiner Pfote zu. Jetzt hast du es verstanden, sagt Anja, er will seine Ruhe vor dir. Das

In die Schuhe der Großen schlüpfen zu wollen. Oder zu müssen.

Kind schleckt seinen blutigen Kratzer ab und weint nicht. Anja hat einen Ausziehfauteuil, da macht sie dem Kind seinen Schlafplatz. Dann geht sie fort. Das Kind bleibt allein, es geht herum und sieht sich alles an. Fritz schläft auf dem Kopfpolster. Nach zwei Stunden ist Anja wieder da. Sie bringt die Schultasche und Kleider für das Kind. Morgen ist Montag, Schule. Deine Mutter ist in der Psychiatrie, sagt Anja. Aber das darfst du niemandem erzählen. Wenn dich in der Schule jemand fragt, sagst du, sie ist krank. Wann wird sie wieder gesund, fragt das Kind. Anja zuckt die Achseln.

Anja arbeitet in einer Grablaternenfabrik in Floridsdorf. Ihre Arbeit beginnt schon um sieben Uhr, sie muss früh aus dem Haus. Das Kind ist noch nie allein in die Schule gegangen, es kennt den Schulweg von Anjas Wohnung aus nicht. Anja begleitet das Kind und schimpft dabei. Ab dem nächsten Tag muss es den Weg allein schaffen. Das Kind weint am Abend, wenn es im Bett liegt, bis der Polster nass wird. Anja bemerkt es nicht oder will es nicht hören. Von der Straßenlaterne draußen fällt ein schmaler Streifen Licht ins Zimmer. Das Kind sieht Fritz oben auf der Kredenz sitzen, seine Augen leuchten im Dunkeln. Einmal, als es zu weinen aufhört, kommt der Kater und legt sich auf den Polster. Von da an kommt er jeden Abend. Er schnurrt dem Kind ins Ohr und lässt sich streicheln, aber nur, wenn Anja nicht zusieht.

Anja gibt dem Kind keinen Wohnungsschlüssel. Was soll ich machen, bis du zurückkommst, fragt das Kind. Lass dir etwas einfallen, antwortet die Tante. Das Kind ist fast acht Jahre alt, kein Baby mehr. Es wartet auf der Straße, bis Anja heimkommt. Sie kocht fettes Fleisch, Eintopf mit eingebranntem Gemüse, Spinat und Tomatensauce mit Kartoffeln. Dem Kind schmeckt das Essen nicht. Anja ärgert sich, weil das Kind verwöhnt ist. Jetzt werden andere Saiten aufgezogen, sagt sie öfter.

Eines Tages wird das Kind zur Schuldirektorin gerufen. Deine Mutter kommt dich nicht mehr abholen. Sie meldet sich nicht, was ist los? Das Kind sagt, was Anja ihm aufgetragen hat. Mama ist krank. Was fehlt ihr, will die Direktorin wissen. Ich weiß nicht. Das Kind senkt den Kopf, es spürt den Blick der Direktorin, die wartet. Aber mehr sagt es nicht, und die Direktorin lässt es gehen.

Am Ende der Girardigasse, wo Anja wohnt, beginnt der Naschmarkt. Das Kind kennt sich nun schon besser aus und geht auf dem Heimweg über den Markt. Beim Bäckerstand ist eine freundliche Frau, ihre Tochter hilft beim Verkaufen mit. Sie winkt dem Kind, wenn es vorübergeht. Einmal schenkt sie ihm eine Semmel. Sie sieht, dass das Kind sehr hungrig ist, von da an bekommt es jeden Tag ein Stück Gebäck.

In Anjas Wohnung hängt ein gerahmtes Foto über dem Sofa. Darauf ist ein Ehepaar mit zwei Mädchen zu sehen. Die Kinder haben lockige schwarze Zöpfe und lehnen die Wangen aneinander. Wer ist das, fragt das Kind. Anja stellt sich vor das Bild und betrachtet es. Das sind meine Eltern, deine Großeltern. Und das sind ihre Töchter Nora und Anja. So erfährt das Kind, dass Anja seine richtige Tante ist. Wo sind meine Großeltern? Tot. Nora trägt die Schuld, dass sie gestorben sind. Aber sie lebt! Das werde ich ihr niemals verzeihen. Anjas Stimme zittert. Das Kind will fragen, warum, und wagt es nicht.

Das Wetter wird kalt und regnerisch, das Kind friert auf der Straße. Es sucht auf dem Markt nach einem trockenen Platz. Die Bäckerin sieht es und holt es in den Stand. Sie wickelt das Kind in eine Decke. Das Kind will sich bedanken, aber da fallen ihm schon die Augen zu. Als es erwacht, sieht es Anja auf dem Markt hin und herlaufen und steht auf. Anja entdeckt das Kind und kommt mit drohendem Gesicht zum Bäckerstand. Was hast du hier verloren, du Fratz? Ich suche dich schon die ganze Zeit. Da stellt sich die Bäckerin dazwischen. Ist das Ihr Kind? Schämen können Sie sich, dass Sie den armen Wurm allein im Freien stehenlassen jeden Tag. Eigentlich gehören Sie angezeigt dafür! Bei dem Wort Anzeige beginnt das Kind zu beben. Bitte nicht, schluchzt es und läuft zu Anja. Es tut mir leid, Tante! Ich verspreche, ich tue es nicht mehr. Es sieht zu Anja hoch und weiß nicht, was ihr Gesichtsausdruck bedeutet. Es sieht aus wie Angst. Anja sagt kein Wort mehr. An diesem Abend bleibt sie lange Zeit weg, dann geht sie, obwohl es schon spät ist, zum Nachbarn, der ein Telefon hat. Das Kind schleicht hinterher und hört durch die offene Tür mit. Das verbotene Wort Psychiatrie fällt und ein anderer Ausdruck, den es noch nie gehört hat: „auf Revers entlassen".

Sieben Wochen sind vergangen, seit das Kind mit Mama zur Polizei gegangen ist, da wird es wieder in die Direktion geholt. Deine Mutter hat gerade angerufen. Sie kommt dich heute nach der Schule abholen, sagt die Direktorin und lächelt das Kind an. Wie schön, dass sie wieder gesund ist.

**

Es dauerte 55 Jahre, bis ich erfuhr, was meine Mutter einst Unverzeihliches getan hatte, und auch da nur durch Zufall. Nora stürzte und konnte nicht mehr allein zu Hause leben. Sie übersiedelte in ein Heim, und ich räumte ihre Wohnung. Versteckt zwischen Kochrezepten, Haushaltsratgebern und Gebrauchsanleitungen für Elektrogeräte fand ich eine Mappe und dort einen Prozessakt aus dem Jahr 1943. Nora Fallbiegl wurde darin beschuldigt, Flugblätter verteilt zu haben, die im Keller ihres Wohnhauses in der Girardigasse gedruckt worden waren. Sie leugnete diese Handlungen und legte auch beim Verhör durch die Gestapo kein Geständnis ab. Mit ihr vor Gericht standen die Eltern. Die Anklage lautete auf Hochverrat. Die Eltern wurden zum Tod verurteilt, sie starben unter dem Schafott im Wiener Landesgericht. Nora war erst sechzehn, das rettete ihr das Leben. Nach der Gefängnisstrafe wurde sie ins Frauen-KZ Ravensbrück überstellt. Du warst eine Widerstandskämpferin, sagte ich bei meinem nächsten Besuch zu ihr. Warum hast du nie davon gesprochen? Sie schwieg. Ich drängte auf eine Antwort, da seufzte sie plötzlich auf. Kommt Anja, fragte sie. Ich verneinte. Anja wird nicht kommen. Und sie nickte.

***

Susanne Ayoub, geboren in Bagdad, lebt als Autorin und Regisseurin in Wien. Mehrfach ausgezeichnet, u. a. Fernsehpreis LiteraVision 2022, Dr. Karl Renner-Publizistikpreis 2014. Zuletzt erschien „Rondo Veneziano" (2023). www.susanneayoub.at

In die Schuhe der Großen schlüpfen zu wollen. Oder zu müssen.

Tretauto
Wien, um 1926
Blech, 70 × 94 × 53 cm
Odernheim am Glan,
Falko Daim

Dieses Tretauto ist ein Einzelstück, das ein Vater für seinen Sohn gebaut hat. Was heute altmo-
disch erscheinen mag, entsprach zur Zeit seiner Entstehung dem Design der aktuellen Auto-
mode. Damals waren Autos nahezu reine Männersache. Das ist heute zwar anders, doch gehen
Männer und Frauen anders mit dem Fahrzeug um: Laut Umfragen finden Frauen es vor allem
praktisch, während es für viele Männer auch als Statussymbol gilt. Kein Wunder also, dass der
Markt für Spielzeugautos nach wie vor überwiegend auf Buben zugeschnitten ist.

Kind sein heißt:

Dominik Heher

KIND SEIN HEISST:
IN DIE SCHUHE DER GROSSEN SCHLÜPFEN ZU WOLLEN.
ODER ZU MÜSSEN.

Wir sind Nachmacher. Wir beobachten unsere Artgenossen und imitieren sie, kopieren ihr Verhalten, ahmen ihre Handlungen nach. Als Kinder schlüpfen wir so in verschiedenste Rollen, wobei die Welt der Erwachsenen mit ihren rätselhaften Objekten, Worten und Handlungen besonders reizvoll ist. Bis wir es besser wissen, halten wir als Kinder Erwachsene für das Maß der Dinge, für unfehlbar. Versuche mit Vorschulkindern zeigen, dass wir in diesem Alter sogar zur „Überimitation" neigen: Das heißt, dass wir bei der Bewältigung einer Aufgabe auch Handlungsschritte nachahmen, die es zur Erreichung des Ziels offenkundig gar nicht braucht.

Nachahmung ist eine sehr effiziente Lernstrategie, weil sie automatisch und ganz nebenbei funktioniert. Dabei lernen Kinder auch schnell, welches Verhalten gut ankommt und welches nicht. Was gehört sich für ein Mädchen, was für einen Buben? Und was ist für Kinder überhaupt tabu? Erwachsene greifen hier freilich kontrollierend ein, ob bewusst oder nicht. Denn in gewissen Rollen möchten wir Kinder sehen, sie von anderen hingegen fernhalten. Als Erwachsene prägen wir das Weltbild unserer Kinder unweigerlich, sei es durch unser Verhalten, sei es durch die Möglichkeiten, die wir ihnen eröffnen oder vorenthalten.

Spielend groß werden

Lernen ist Spielen. Sobald wir in Symbolen denken können, lernen wir auch, spielerisch zu imitieren. Spielzeug im eigentlichen Sinn brauchen wir dafür nicht. Unsere Vorstellungskraft und ein paar Requisiten reichen aus. Trotzdem gibt es heute eine ganze Miniaturwelt für Kinder, von der Akku-Bohrmaschine bis zum Induktionsherd – ein wahres Liliput, von Erwachsenen geschaffen, seit die geringen Produktionskosten für Dinge dieser Art einen verschwenderischen Konsum ermöglichen. Der Markt floriert mehr denn je, die Vielfalt an Gegenständen wächst weiter. Man kann sich nun fragen, ob die modellhafte und detailgetreue Miniatur eines Staubsaugers samt Markennamen nicht eher die nostalgische Verspieltheit der Erwachsenen bedient als die Wünsche der Kinder. Auf jeden Fall wird beim Flanieren durch die Gänge von Spielzeuggeschäften rasch klar, dass das Angebot dort gelinde gesagt konservativ ist: Autos, Werkzeug und Technikspielzeug für die Buben → **S. 110**, Babypuppen, Haushaltsgeräte und Bastelsachen für die Mädchen.

Worin genau diese spielerische Fortsetzung traditioneller Rollenbilder begründet liegt, ist umstritten. Manche sehen es als reine gesellschaftliche Prägung an, die Buben und Mädchen (bzw. ihre Eltern) zu unterschiedlichen Spielsachen greifen lässt. Andere führen biologische, geschlechtsspezifische Unterschiede in Motorik, Spielverhalten und Empathie ins Treffen. Eine bedeutende Rolle werden schlicht auch Sehgewohnheiten und Werbung spielen. Zumindest lässt die farbliche Codierung in Blau/Grau/Schwarz beziehungsweise Rosa/Pink wenig Zweifel an der jeweiligen Zielgruppe aufkommen. Die Apartheid der Farben ist in ihrer aktuellen Radikalität erst ein paar Jahrzehnte alt. Man wird sehen, wie lange sie sich noch hält. Zumindest bei der Baby-

Ausstattung ließ sich jüngst ein Trend hin zu Beige beobachten, allerdings limitiert auf ein schmales Kundensegment. Dahinter steckt unter anderem das Bestreben, den eigenen Nachwuchs nicht frühzeitig in eine Schublade zu stecken, aus der er nicht mehr herausfindet. Dafür nimmt man offenbar sogar Beige in Kauf.

Die ängstliche Frage, ob man als Eltern vielleicht schon im Säuglingsalter zu sehr in den Lebensweg der Kinder eingreift, ist ein modernes Phänomen. Die Selbstverwirklichung des Individuums war selten in der Geschichte das Ziel der Erziehung. Vielmehr ging es darum, Kinder auf ihre Zukunft vorzubereiten, die in den meisten Fällen doch recht klar vordefiniert war. Der gesellschaftliche Stand einer Familie war dabei zentral, eine „standesgemäße" Erziehung unabdingbar. Ob bei Bauernfamilien, im Bürgertum oder im Adel: Der Lebensweg war oft von Geburt an vorgezeichnet. Mädchen wurden in der Regel primär auf ihr Leben als Ehefrau und Mutter vorbereitet, Buben auf bestimmte Berufe und Funktionen. Weit früher als heute hieß es in die Rollen der Erwachsenen hineinwachsen; so begann man im Mittelalter Lehrberufe, aber auch die Ausbildung zum Ritter mit sechs oder sieben Jahren. Auch Kleidung und Gehabe sollten möglichst rasch jenen der Erwachsenen ähneln. Prunkharnische → **S. 115** und Jagdgewehre → **S. 112** adeliger Kinder sind beredte Zeugnisse dieses Einübens erwachsener Verhaltensformen.

•• **115**

Pee Wee Pumps
2022
Textil, 12 × 11,5 × 8,5 cm
Schallaburg, Schallaburg
Kulturbetriebsges.m.b.H.

Kinderkleidung orientiert sich in vielen Bereichen an der Erwachsenenmode. Fast logisch also die Versuche, schon für Mädchen Stöckelschuhe auf den Markt zu bringen. Wirklich durchsetzen konnte sich die Idee bislang aber nicht. Dafür gibt es erhebliche Kritik: Aus orthopädischer Sicht seien die High Heels schädlich für die Fußentwicklung und ganz allgemein unangemessen, weil sie Mädchen zu früh sexualisieren. Aller Kritik zum Trotz findet sich mit den Pee Wee Pumps seit Kurzem sogar eine nicht funktionale Variante für Babys auf dem Markt.

Jagdflinte von Erzherzogin Maria Amalia
Joseph Frühwirth, um 1760
Gold, Eisen, Kupfer, Holz,
Horn, Silber, L 130 cm
St. Pölten,
Landessammlungen
Niederösterreich, Inv.-Nr.
LIEBL-28

In Adelskreisen war die Jagd mehr als nur ein Hobby: Dabei zeigte man sein Geschick und traf andere wichtige Persönlichkeiten. Adelige lernten daher schon in Kindestagen die Jagdkunst mit verkleinerten Waffen. Grundsätzlich war die Jagd eher Männersache, aber es gab auch Ausnahmen. Die Flinte etwa gehörte Erzherzogin Maria Amalia, einer Tochter Maria Theresias. Sie interessierte sich schon als Kind für die Jagd, worin sie ihr Vater bestärkte. Die Flinte erhielt sie mit etwa 14 Jahren.

In die Schuhe der Großen schlüpfen zu wollen. Oder zu müssen.

Wo hört der Spaß auf?

Welche Rolle ein Kind einnehmen darf, ist in jeder Gesellschaft unterschiedlich und verhandelbar. Gewisse Tabus dürfen allerdings auch beim Erwach-
sen-Spielen nicht überschritten werden. Während sich heute kaum jemand
an Kindern stößt, die mit Holzschwertern spielen, lässt uns das Bild eines
Kindes mit Jagdgewehr oder Armbrust zusammenzucken, ebenso wie wenn
die Spielzeugwaffe heute der detailgetreue Nachbau eines Maschinengewehrs
ist. Ein anderes Beispiel: Kaugummizigaretten waren bei Kindern über Jahrzehnte gerade deshalb so beliebt, weil man damit wunderbar auf erwachsen
machen konnte. Seit sich die Wahrnehmung des Rauchens geändert hat, irri-
tieren Kinder mit Zigarettenpackungen, selbst wenn sie Süßwaren enthalten,
ungemein.

◒◒ 113

   Allerdings scheint es kein größeres Tabu zu geben als die allzu frühe Sexualisierung von Kindern. Ist es okay, wenn sich achtjährige Mädchen
schminken? Wenn High Heels in Größe 25 verkauft werden und neuerdings
in einer Plüschvariante sogar für Babys zu erwerben sind → **S. 113**? Was die erwachsene Gesellschaft noch als niedlich oder bereits als unanständig definiert,
ist eine ständige Gratwanderung. Ein gutes Beispiel sind US-amerikanische
Schönheitswettbewerbe für Mädchen (und neuerdings auch für Buben) im
Vorschulalter. In Österreich, Frankreich und anderen Ländern ist die Teilnahme an solchen Bewerben gesetzlich verboten.

Kein Kinderspiel

Und dann gibt es noch jene Kinder, die Erwachsensein nicht nur spielen, sondern tagtäglich reale Verantwortung übernehmen müssen. So ist etwa die er-
nüchternde Zahl von über 40.000 Minderjährigen in Österreich in die Pflege
von Familienangehörigen involviert, meist, indem sie intensiv im Haushalt
mitwirken, Einkäufe erledigen oder sich um Geschwister kümmern. Dass
mehr als zwei Drittel dieser „Young Carers" Mädchen sind, verwundert wenig. Keine Zahlen gibt es dazu, wie viele Kinder aus Familien mit Migrationshintergrund als Übersetzerinnen und Übersetzer für ihre Eltern fungieren, sei
es in der Kommunikation mit der Schule, mit dem Gesundheitswesen oder
mit Ämtern. Kindern selbst ist die Gefahr einer Überforderung meist nicht
bewusst. Gewohnheit, Stolz oder Scham lässt sie die Situation oft einfach hin-
nehmen.

   Das heißt nicht a priori, dass es schlecht ist, wenn Kinder Aufgaben erfüllen. Kinder wollen nicht nur spielen. Das Gefühl, gebraucht zu werden
und einen wertvollen Beitrag zu leisten, ist für eine gesunde Persönlichkeits-
bildung wichtig. Es liegt allerdings in der Verantwortung der Erwachsenen,
darauf zu achten, dass die Aufgaben dem Entwicklungsstand des Kindes angemessen sind.

Halber Kinderharnisch
Christoph Krämer,
Innsbruck, 1641
gebläutes Eisen, vergoldet,
roter Samt, inkl. Sockel:
145 × 57 × 56 cm
Wien, Kunsthistorisches
Museum Wien, Hofjagd- und
Rüstkammer, Inv.-Nr. A 1702

Ferdinand Karl war der älteste Sohn des Landesfürsten Leopold V. von Tirol. Es war klar, dass er das Amt seines Vaters dereinst erben würde. Im Alter von 13 Jahren bekam er diese Rüstung geschenkt, passenderweise eine Miniaturversion jener seines Vaters. Gedacht war sie nicht zum Kämpfen, sondern für öffentliche Auftritte. Noch im 17. Jahrhundert diente das Rittertum dem Adel als Vorbild. Die Aufschrift „Leges Urbanitatis" – „Gesetze der höfischen Bildung" – auf der Brust sollte den Buben an die Ideale der adeligen Welt gemahnen.

In die Schuhe der Großen schlüpfen zu wollen. Oder zu müssen.

„Ich mag meine Eltern, aber halt nicht immer"

Ferdinand (8)

Gibt es etwas, was du an deinen Eltern besonders magst?

ELLA: An meinem Papa, dass er lustig ist, und an meiner Mama ... Eigentlich mag ich an meinen Eltern alles.

LUKAS H.: Ich mag meine Eltern eigentlich auch, aber halt nur nicht immer.

ANNA H., IRIS: Ich mag meine Mama und meinen Papa auch nicht immer.

JOSEFINE: Ich mag an meinen Eltern den Humor.

FERDINAND: Dass sie mir zuhören ...

JOSEFINE: ... immer ein offenes Ohr haben ...

ISABEL: ... dass meine Eltern mich akzeptieren, wie ich bin.

Sind deine Eltern Vorbild für dich?

IRIS: Nicht immer.

LUKAS H.: Meistens schon.

EMIL: Bei mir auch meistens.

ELLA: Mein Papa manchmal nicht.

JOSEFINE: Ja ... in manchen Dingen.

ISABEL: In der jetzigen Phase vielleicht nicht, aber in manchen Dingen schon.

Hast du noch andere Vorbilder?

IRIS: Oma und Opa.

ELLA: Meine Tante, meine Taufpatin, eigentlich sehr viele von meinen Verwandten.

FERDINAND: Die Lehrerinnen.

ISABEL: Kindergärtner.

Emil (6), Ella (8), Anna H. (8),
Lukas H. (11) und Iris (6)

Isabel (11)

In die Schuhe der Großen schlüpfen zu wollen. Oder zu müssen.

Was erwartest du von den Erwachsenen?

ELLA, EMIL: Nichts.

FERDINAND: Dass sie nicht vor dem Computer sitzen.

ISABEL: Dass sie mehr zu Hause sind …

JOSEFINE: … immer ein offenes Ohr haben …

ISABEL: … uns besser verstehen …

JOSEFINE: … uns unterstützen …

FERDINAND: … mit uns spielen.

ISABEL: Mein Vater sagt, ich soll mein Handy weglegen, und er nimmt seines die ganze Zeit in die Hand. Wenn er es mir sagt, dann kann ich auch erwarten, dass er es selbst tut!

ANNA H.: Dass sie uns machen lassen, was wir wollen!

Was würdest du denn dann tun?

ANNA H.: Ich würde einfach von der Schule zu Hause bleiben.

IRIS: Ich würde das ganze Jahr lang fernschauen.

Und dann?

IRIS: Dann würde ich ein ganzes Jahr Party machen – aber zuerst muss ich reich werden, damit ich mir eine Discokugel kaufen kann.

Was willst du später einmal werden?

EMIL: Ich möchte Kunsthistoriker werden, weil mein Papa auch einer ist.

ELLA: Also ich will entweder Lehrerin werden oder Forscherin – weil mich die Wissenschaft sehr interessiert, und ich geh auch gern ins Museum.

IRIS: Ich würde gern mit meinem Papa in einem Gasthaus Köchin werden.

Kannst du dir vorstellen, denselben Beruf wie deine Eltern zu haben?

ANNA H., ELLA, FERDINAND, ISABEL, JOSEFINE, LUKAS H.: Nein!

ISABEL: … obwohl, der meiner Mama würde mir gefallen, sie ist zu Hause.

FERDINAND: Der Beruf meiner Mama würde mich auch interessieren. Sie ist Theaterschauspielerin.

JOSEFINE: Vielleicht in ein paar Jahren, wenn ich älter bin.

Worauf freust du dich, wenn du erwachsen bist?

ALEXANDER: Aufs Kuscheln.

JOHANNA: Kuscheln kann man als Kind auch.

SARA: Pferde reiten.

SOFIE: In die Schule gehen.

JOHANNA: Darauf, wie die Mama Lehrerin zu werden.

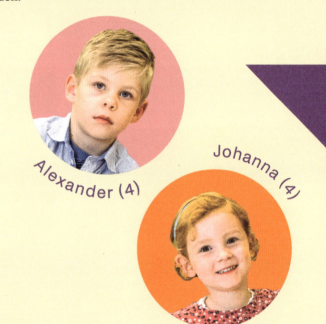

Alexander (4)

Johanna (4)

Josefine (11)

Alle Interviews zum Nachschauen:

Wenn mein Vater sagt, ich solle mein Handy weglegen, kann ich erwarten, dass er es selbst auch tut!

Isabel

Kind sein heißt:

Was willst du werden, wenn du groß bist?

Johanna:

Gärtnerin.

Alexander:

Polizei, Feuerwehr, Rettung und Notarzt.

Sofie:

Bauer.

Johanna:

Ich glaub, ich tausch lieber um auf Lehrerin.

Sofie (3)

Sara (4)

Welchen Beruf ich später vielleicht einmal ausüben will ...

Lehrerin	● ● ●
Ärztin	●
Bäcker	●
Bäuerin	●
Feuerwehrmann	●
Forscherin	●
Friseurin	●
Fußballer	●
Gärtnerin	●
Köchin	●
Kunsthistoriker	●
Notarzt	●
Polizist	●
Rettungssanitäter	●
Rettungsschwimmerin	●
Tierärztin	●
Verkäuferin	●

In die Schuhe der Großen schlüpfen zu wollen. Oder zu müssen.

Das österreichische Gesetz zu Kinderarbeit

Zulässig sind vereinzelte, geringfügige, aus Gefälligkeit erwiesene leichte Hilfeleistungen von kurzer Dauer, die ihrer Art nach nicht einer Dienstleistung von Dienstnehmerinnen und Dienstnehmern, Lehrlingen oder Heimarbeiterinnen oder Heimarbeitern entsprechen, die Kinder keinen Unfallgefahren aussetzen und sie weder in ihrer körperlichen und geistigen Gesundheit und Entwicklung noch in ihrer Sittlichkeit gefährden.

Zulässig ist außerdem die Beschäftigung von Kindern, die ausschließlich zu Zwecken des Unterrichts oder der Erziehung erfolgt, und die Beschäftigung eigener Kinder mit leichten Leistungen von geringer Dauer im Haushalt.

§ 1 Abs. 2 KJBG, § 4 KJBG

Die Vertragsstaaten erkennen das Recht des Kindes an, **vor wirtschaftlicher Ausbeutung geschützt** und nicht zu einer Arbeit herangezogen zu werden, die Gefahren mit sich bringen, die Erziehung des Kindes behindern oder die Gesundheit des Kindes oder seine körperliche, geistige, seelische, sittliche oder soziale Entwicklung schädigen könnte.

Art. 32.1 der UN-Kinderrechtskonvention

Als Kind hatte ich folgende Pflichten und Aufgaben …

Kinderarbeit – ein globales Problem

Schätzungen zufolge **arbeiten** weltweit etwa **160 Millionen Mädchen und Buben** unter Bedingungen, die der UN-Kinderrechtskonvention widersprechen.

79 Millionen Kinder sind unter gefährlichen oder ausbeuterischen Verhältnissen tätig, etwa in Goldminen oder auf Baumwollfeldern.

Mehr als **50 Prozent** der arbeitenden Kinder sind **jünger als 12**.

70 Prozent der Kinder arbeiten in der Landwirtschaft, **20 Prozent** im Dienstleistungssektor, **10 Prozent** in der Industrie.

Zwischen 2018 und 2022 **stieg** die Zahl der arbeitenden Kinder weltweit **um 8,4 Millionen an**.

Quelle: unicef.at/fileadmin/media/Infos_und_Medien/
Info-Material/Lage_der_Kinder_weltweit/UNICEF-ILO-
Bericht-Kinderarbeit-2021.pdf

In die Schuhe der Großen schlüpfen zu wollen. Oder zu müssen.

Kind sein heißt:
Ein Mensch zu sein.
Und kein Konzept.

Gertraud Klemm

Pia

Jetzt hat sie sich auch noch die Haare selber geschnitten; so, wie es aussieht, mit der stumpfen Küchenschere. Vorhin ist Pia mit erhobenem Kopf an Margarete vorbei, um Besen und Mistschaufel zu holen. Sie hat alles zusammengekehrt, das Waschbecken saubergewischt und die schimmernden Haarbüschel im Biokübel entsorgt. Jakob wird von der Arbeit heimkommen, Pias Frisur registrieren und schweigen, so gut er kann; und er kann es immer besser, je älter die Mädchen werden, denkt Margarete. Sein Schweigen ist die schärfste Kritik an ihrem Versagen; als Mutter.

Sie hat Pia angebrüllt und in ihr Zimmer geschickt. Dort sitzt sie jetzt wahrscheinlich auf ihrem Bett, wie sie es immer macht, das starrsinnige, fleischige Kinn nach oben gereckt, als hätte sie ein treues Publikum, das sie für ihre Sturheit bewundert und ihr applaudiert, wenn sie sich fertig in Szene gesetzt hat. Was dauern kann.

Natürlich wird sie nicht die ganze Zeit so dasitzen, denkt Margarete. Wahrscheinlich liegt sie auf dem Bett und heult wütend, oder sie sitzt eingesunken da; wenn sie uns aber die Stufen hinaufkommen hört, wischt sie sich mit den Handrücken die Tränen aus den Augen und wirft sich in die Pose des Widerstands. Für wen? Für Margarete und Jakob? Wozu? Damit sie sich über Pia ärgern? Besser negative Aufmerksamkeit als gar keine, steht in den klugen Büchern. Aber kann so ein Kind das wirklich wollen? Wollen Kinder nicht geliebt werden? Wollen wir das nicht alle?

Wo sie das herhat? Niemand in Margaretes und in Jakobs Familie war so. Margarete war fröhlich, hatte immer Freundinnen. Jakob war Musterschüler. Niemand ist so wie Pia. So fleischig und störrisch. So jähzornig und so einzelgängerisch. So begriffsstutzig und faul. So über ihre Tochter nachzudenken, fühlt sich an, als würde Margarete sich selbst in den Magen schlagen. Wo Pia ist, ist viel schlechtes Gewissen. So war es immer schon.

Anders bei Lilian. Lilian ist wie wir, wir sind wie sie, denkt Margarete. Ihre Erstgeborene ist Jakobs Ebenbild geworden. Ernst, aber auf eine ansprechende Weise. Ernstzunehmend ernst. Nicht wie ihre kleine Schwester, auf diese linkische, unproduktive Art. Vielleicht ist es der knappe Altersabstand, der Pia nicht gutgetan hat. Vielleicht sind es die Umstände ihrer Zeugung. Ein Garagenkind, das sich in die Welt gezwängt hat, zu einer Zeit, als Margarete alles, nur kein zweites Kind wollte. Zu einer Zeit, als Jakob noch gar nicht realisiert hatte, was er sich da eingebrockt hatte mit so einer Vaterschaft. Wie jung wir waren, denkt sie jetzt euphorisch. Wie naiv!

Mit heißer Schokolade und Keksen wird sie das Geschrei wegen der Haare ungeschehen machen. Margarete nimmt die Milch aus dem Kühlschrank, schaltet den Herd ein, bringt den Schneebesen in Stellung. Kein Instant-Kakao, sondern selbstgemachte heiße Schokolade aus in kleine Stücke gebrochener Bitterschokolade, braunem Zucker, Zimt. Sie rührt langsam, gießt die Milch hinzu. Eine Serviette. Zwei, lieber drei Kekse. Manchmal braucht es ein bisschen Zucker, um den Hausfrieden wieder zusammenzukleben.

Schneuz dich, haben sie zu ihr gesagt, damals. Red leiser, sonst hören sie dich noch. Als wären die Kinder taub und blind. Lilian war groß genug, sich auf den kleinen Bruder zu freuen, und Pia war sensibel genug, die Verzweiflung und Trauer zu spüren, einzusaugen und wieder auszuspucken, in Form von Schreien, Erbrechen und Krämpfen. Dafür ist man nie zu jung.

Margarete steht am Treppenabsatz und horcht. Kein Laut von oben. Pias Schuhe kreuz und quer, schmutziges Weiß, schmutziges Hellblau, ausgelatscht, als wären sie nicht erst ein paar Wochen alt. Pias breite Füße, das schlampige, stolpernde Gehen. Ihre Vorliebe für dicke, kratzige Wollsocken. Margarete schiebt die Schuhe mit den Füßen in eine ordentliche Position. Sie hält den Teller mit beiden Händen fest, während sie das tut. Natürlich liebe ich meine Kinder, denkt sie. Alle.

Du musst dich zusammenreißen, du musst jetzt stark sein: Das hat sie oft gehört.

Du beißt die Zähne zusammen und machst weiter. Tu es für Jakob und die Kinder, hat Mama gesagt. Verzweifeln hilft jetzt niemandem, hat Jakob gesagt.

Es gab ein Leben vor dem Zähnezusammenbeißen und es gibt eines danach. Ach, Mama. Wenn du doch nur hättest erleben können, wie Lilian mit dem Cello umgeht. Wie ihre trockene, nüchterne Art verschwindet zugunsten dieser verschwenderischen Leidenschaft. Eine Metamorphose, jedes einzelne Mal, bei jedem Wettbewerb, bei jedem Konzert.

Margaretes Mutter hat nur die peinlichen Anfänge der Hausmusik mitgekriegt, Lilians schiefes Gekratze, Pias zittriges Geflöte und Margaretes Begleitstimme am Klavier, die nichts mehr retten konnte. Margaretes Mutter hat die Mundwinkel verzogen, ihr falsches Lächeln gezeigt, das so unverhohlen daneben geht.

Mama ist jetzt ganz nahe bei ihr.

Von Anfang an hast du Lilian Pia vorgezogen, Mama!

Weil sie die Erste war, sagt Mama. Weil sie von klein auf die Ruhigere war. Weil sie keine Wutanfälle bekam, wenn der Nachziehdackel umkippte. Weil sie die Geschicktere war, die ausdauernd basteln, zeichnen und dann lesen konnte, und vielleicht wird sie mal Konzertcellistin. Oder sie wird künstliche Herzklappen rekonstruieren können, wie ihr Vater. Wenn sie das möchte! Lilian wirkt, als könne man ihr ein Erbe übergeben wie ein kostbares Kaffeegeschirr, auf das gut aufgepasst werden muss.

Tja, Mama, welches kostbare Geschirr meinst du denn? Jenes, das in einer

Kredenz ausgestellt war, aus dem wir nie einen Tropfen trinken durften? Margarete verscheucht ihre Mutter aus den Gedanken. Sie nimmt die ersten drei Stufen, die nächsten drei. Drei Mal drei ist neun, Papa. Genau, Margarete. Das war auch leicht.

Es war die Achterreihe, die schwierig war. Acht mal sieben ist 54. Falsch, Margarete, falsch! Falsch, Pia! Geh jetzt spielen! Wie Jakob Stück für Stück die Vaterrolle zurückgenommen hat, das gemeinsame Musizieren, das Rechnen. Wie Pia aufgegeben hat, achselzuckend. Margarete kennt das Gefühl. Pia ist das schwieriger zu liebende Kind. Lilian fliegt all die Liebe zu, die im Überschuss da ist. Unmöglich, es anders zu machen.

Jakob kommt schon lange nicht mehr mit zu Benjamins Grab, auf dem sich das Windrad dreht, das Margarete jährlich austauscht, an seinem Geburtstag, der gleichzeitig sein Todestag ist. Wenn er ein paar Jahre alt geworden wäre, denkt sie dort. Ein paar Tage nur, um ihn kennenzulernen; um zu wissen, was uns erwartet hätte. Auf was wir hätten hoffen dürfen. Zehn Jahre alt wäre er jetzt geworden. Und wir wüssten, ob es wirklich so einen großen Unterschied macht: Mädchen oder Bub. Cello oder Flöte. Vertraut oder fremd.

Wir haben doch Glück, sagt Jakob gern. Ein totes Kind ist nichts Seltenes. Tote Kinder gehörten immer schon dazu. Margarete weiß das. Sie liest Zeitungen, Statistiken, sie hört Geschichten. Es braucht nicht immer einen Grund. Kinder sterben in Bäuchen, in Bettchen, in Kindersitzen und in Jugendzimmern. Sie hören zu wachsen auf, entschlafen, ersticken oder erhängen sich, und es ist rätselhaft, wie es dazu gekommen ist. Andere Kinder wachsen heran, sie verzweigen sich, klettern an uns hoch, sie beschatten einander, tragen Früchte, oder auch nicht. Wir haben zwei Kinder, sagt Jakob, die uns brauchen.

Sie wird Pia den Kakao hinstellen, und die Kekse mit den groben Schokostückchen, sie wird sie fest umarmen und sich entschuldigen. Sie wird ihr vorschlagen, zu einer Friseurin zu gehen, und danach vielleicht neue Schuhe kaufen. Nur wir zwei, wird sie verschwörerisch sagen.

Jetzt steht sie vor Pias verschlossener Türe und holt tief Luft, bevor sie klopft. Ihr Blick wandert über die Holzbuchstaben, die Margarete selbst angebracht hat, und über die Sticker, die Pia kreuz und quer auf die Türe geklebt hat: Serienstars, Glitzertierchen, Herzchen. Ihr Blick bleibt an der Tasse in ihren Händen hängen.

Auf der heißen Schokolade hat sich Haut gebildet.

Gertraud Klemm, geboren in Wien, Biologiestudium, lebt als Schriftstellerin mit ihrer Familie in Niederösterreich. Vielfach ausgezeichnet, u. a. Anton Wildgans Preis 2022. Zuletzt erschienen: „Einzeller" (2023). www.gertraudklemm.at

Ein Mensch zu sein. Und kein Konzept.

Schreiender Knabe
Wilhelm Busch (1832–1908),
um 1873
Öl auf Karton, 22,5 × 20,2 cm
Wien, Belvedere, Wien,
Inv.-Nr. 3804

Als Kinder leben wir anfangs im Moment. Wir möchten tun, wonach uns gerade der Sinn steht, und tragen unsere Gefühle nach außen. Es braucht einige Jahre, um unsere Taten und Gefühle in Bahnen zu lenken, die gesellschaftlich akzeptiert sind. Kindern unterstellte man daher bis ins 20. Jahrhundert hinein einen Mangel an Vernunft, den man mit oft übermäßig harten Erziehungs-methoden zu kompensieren trachtete. Wilhelm Busch war ein scharfsinniger Beobachter der Menschen. Seine Darstellungen von Kindern folgen nicht den verklärten Klischees des 19. Jahr-hunderts. Buschs Kinder sind emotional, wild und auch boshaft. Menschen eben.

Kind sein heißt:

Dominik Heher

KIND SEIN HEISST:
EIN MENSCH ZU SEIN. UND KEIN KONZEPT.

Wie eine Gesellschaft mit ihren Kindern umgeht, sagt viel über sie und das Bild aus, das sie sich vom Menschen macht. Denn jedem Konzept von Erziehung und Bildung, jeder Interaktion zwischen Erwachsenen und Kindern, jeder Diskussion um Rechte und Pflichten der Generationen liegt eine Vorstellung zugrunde, wie ein Kind ist oder zu sein hat. Das jeweilige Bild vom Kind basiert freilich nie allein auf realen Beobachtungen, sondern immer auch auf philosophischen Diskursen, auf der Suche nach dem wahren Kern des Menschen. Sind wir gut oder böse? Lassen wir uns formen und ändern? Müssen wir optimiert werden? Oder dürfen wir uns in Ruhe entwickeln? Können wir schon als Kinder die Gesellschaft bereichern oder sollen wir uns ruhig verhalten, bis wir groß sind? Wenig verwunderlich zog man dabei in der Vergangenheit ganz unterschiedliche Schlüsse, und so bewegt sich seit dem 18. Jahrhundert das Konzept vom Kind vereinfacht gesagt zwischen zwei extremen Polen: jenem des „dionysischen" Kindes, das trieb- und emotionsgesteuert Chaos stiftet → **S. 126**, und dem des „apollinischen" Kindes, der höchsten, weil unverdorbenen Form menschlicher Existenz → **S. 129**. Paradoxerweise existierten Spielarten beider Konzepte meist gleichzeitig nebeneinander.

◉◉ 129

Vom Mängelexemplar zum Idealbild

Jede Gesellschaft braucht Kinder, die ihr Fortbestehen sichern. Lange Zeit waren sie außerdem für ihre Familien unverzichtbar, sei es als Arbeitskräfte, Statussymbole oder Stammhalter. Trotzdem galten Kinder in erster Linie als mangelhafte Menschen, denen es noch an Größe, Stärke, Moral und eigener Denkfähigkeit fehlte. Das Kind wurde als „unbeschriebenes Blatt" angesehen, das man nach Belieben formen konnte und musste. Im 16. Jahrhundert herrschte etwa bei den Puritanern die Meinung vor, dass das Wesen des Menschen an sich schlecht sei – ein Eindruck, den das wilde und anarchische Verhalten von Kindern sicher unterstützt hat. Um sie vor dem Einfluss des Teufels zu retten, mussten sie streng und konsequent erzogen werden.

Mit der Aufklärung hielt ein neues, optimistisches Bild vom Menschen Einzug. Er könne seine Vernunft dazu nutzen, sein Leben und das seiner Mitmenschen zu verbessern. Den Gegenpol zu den vernunftbegabten Erwachsenen nahmen in diesem philosophischen Konstrukt die Kinder ein, die ohne erwachsene Führung zu „Wilden" heranwachsen würden. Erst ab etwa 1750 entstand ein grundsätzlich neues Bild vom Kind, das sich von der kühlen Rationalität der Aufklärung abhob. Der Mensch musste mehr als bloßer Verstand sein, es musste Platz für Gefühl und Naturverbundenheit bleiben: Die Romantik war auf dem Vormarsch. Sie ging davon aus, dass der Mensch grundsätzlich als gütiges Wesen geboren und erst durch die Gesellschaft verdorben würde. Dementsprechend galt das Kind nun als gütig, rein, unbekümmert, natürlich. Müßig zu erwähnen, dass auch dieses Konzept vom Kind nicht viel mit der Realität zu tun hatte, sondern den Philosophen der Zeit als Gegenbild zum allzu rationalen Menschenbild der Aufklärung diente.

Vom Wert der Kindheit

War das Kind im 18. Jahrhundert erstmals zum Thema großer Diskussionen geworden, so wurden im 19. Jahrhundert viele Ansätze weitergedacht und die Grundsteine für unser heutiges Bild vom Kind gelegt. Etwa die Annahme, dass die Kindheit einen wertvollen Lebensabschnitt darstellt und dass Kinder auch aus Eigeninitiative handeln und lernen. Die Reformpädagogik, verbunden mit Namen wie Johann Heinrich Pestalozzi oder Maria Montessori, propagierte ein durch und durch optimistisches Bild von Kindern, das bis heute nachwirkt. In einer Zeit, in der die Kindersterblichkeit noch immens hoch war, in der Armut und Ausbeutung an der Tagesordnung standen, wurden nun Stimmen laut, dass Kinder besonderen Schutz genießen sollten. Erste nennenswerte Beschränkungen von Kinderarbeit traten in Kraft. Außerdem verbreitete sich die Vorstellung, dass Kinder in ihren ersten Lebensjahren weitgehend von Aufgaben entbunden sein sollten, um sich freier entwickeln zu können. In etlichen Ländern Europas erfasste auch die Schulpflicht einen immer größeren Anteil der Kinder.

Dieser neue Zugang zum Kind hatte mehrere Gründe, darunter die Erfolge im Kampf gegen die Kindersterblichkeit, der Trend zur bürgerlichen Kernfamilie mit wenigen Kindern, das größere wissenschaftliche Interesse an der Kindheit, aber auch die gestiegene Bereitschaft der Staaten, mehr Verantwortung für ihre Untertanen zu tragen und dafür auch ein höheres Maß an Kontrolle auszuüben. Nichtsdestoweniger änderte sich im Alltag nicht sehr viel. Trotz des Imagewandels blieben Kinder völlig rechtlos und weitgehend der Gewalt ihrer Eltern unterworfen.

Das Jahrhundert des Kindes?

Aufbauend auf den Trends des 19. Jahrhunderts herrschte um 1900 Aufbruchstimmung. In einem viel beachteten Buch, das unter dem Titel „Das Jahrhundert des Kindes" auch auf Deutsch aufgelegt wurde, forderte die schwedische Pädagogin Ellen Key, das neue Jahrhundert solle einen neuen Umgang mit Kindern bringen. Diese hätten die Fähigkeit, sich auch selbst zu erziehen. Erwachsene sollten Kinder nicht formen wollen, sondern unterstützen und mit Respekt behandeln. Key stand damit in der Tradition der Reformpädagogik, war aber auch vom Darwinismus beeinflusst und befürwortete Rassenreinheit sowie Euthanasie, um eine Gesellschaft mit möglichst gesunden Kindern zu sichern. Paradoxerweise sollte gerade dieses Gedankengut drei Jahrzehnte später zu einer beispiellosen Beseitigung nicht nur jeglicher Kinderrechte führen. Doch auch abseits der Gräueltaten der NS-Zeit fielen Kinder im 20. Jahrhundert von Erwachsenen geführten Kriegen zum Opfer.

Freiherr Alexander Vesque von Püttlingen als Kind
Friedrich von Amerling (1803–1887), 1836
Öl auf Leinwand,
31,5 × 26 cm
Wien, Belvedere, Wien,
Inv.-Nr. 5875

Um 1800 erlebte die romantische Idee des unschuldigen Kindes, das von Grund auf gut ist, einen Höhepunkt. Es wurde als „reines Wesen" verklärt, das erst der schlechte Einfluss der Erwachsenen verdirbt. In derselben Zeit entwickelt sich auch erstmals die Vorstellung, dass Kindheit an sich ein wertvoller Lebensabschnitt ist und nicht nur eine Art Wartezeit. Gerade in bürgerlichen Familien war eine höhere Wertschätzung für Kinder zu beobachten. Das äußerte sich auch in einer steigenden Zahl von Kinderporträts. Dieses hier zeigt den etwa zweijährigen Alexander, Sohn eines berühmten Komponisten.

Kind sein heißt:

Das war schon früher so gewesen. Nun aber wurde die Opferrolle von Kindern stärker betont – der Verlust von Kinderleben wog schwerer als jener von Erwachsenenleben → **S. 130**.

Diese Wertschätzung des Kindes ist ein Erbe der Romantik und des 19. Jahrhunderts, doch schlug die Idee erst in der ersten Hälfte des 20. Jahrhunderts durch. In einer Zeit, in der Kinderarbeit immer seltener wurde, hing der Wert von Kindern weniger von ihrem Nutzen ab. Sie galten als wertvoll, einfach weil sie Kinder waren. Doch nicht nur in der eigenen Familie erfuhr ihre individuelle Persönlichkeit zunehmend Würdigung oder wurde zumindest wahrgenommen → **S. 131** – auch der Staat interessierte sich immer mehr für sie und übernahm Verantwortung für ihr Wohlergehen.

Trotzdem blieben Kinder die schwächsten Mitglieder der Gesellschaft, die sie zwar immer mehr verklärte, ihnen in der Realität aber kaum Rechte zugestand. Jede Form von Gewalt in der Erziehung wurde hierzulande erst 1989 gesetzlich verboten, und damit war Österreich damals bei den Vorreitern. Noch heute gibt es einen vergleichbaren Gesetzesparagrafen in lediglich 33 Staaten weltweit. 1989 war übrigens auch das Jahr, in dem die UNO die Kinderrechtskonvention annahm. Mittlerweile wurde sie in allen UNO-Mitgliedstaaten mit Ausnahme der USA ratifiziert. Das ist ein hehres Zeichen der Wertschätzung von Kindern und ihren Bedürfnissen. Allerdings haben Kinder weltweit, auch in Österreich, kaum eine Lobby, die ihnen das Recht auf Mitsprache und Teilhabe sichert. So wichtig das Bekenntnis der Länder zur Kinderrechtskonvention auch ist, scheint es in den meisten Fällen nicht mehr als ein weiteres Konzept zu sein, das es nicht schafft, in der Realität anzukommen.

Spendenplakat
Caritas Österreich 2022

In der öffentlichen Wahrnehmung wiegen Leid und Tod eines Kindes heute schwerer als jene eines Erwachsenen. Diese Wertigkeit mag uns logisch erscheinen, hat sich aber erst im frühen 20. Jahrhundert durchgesetzt. Was auf den ersten Blick positiv klingt, hat auch Schattenseiten: Kinder wurden auf eine passive Opferrolle reduziert. Besonders auf Spendenplakaten sollten leidende, hungernde und traurige Kinder um Mitleid heischen. Heute verzichten viele Hilfsorganisationen bewusst auf eine solche Zurschaustellung und streben nach einer würdevolleren Darstellung.

Kind sein heißt:

Pia

Marie Luise Lebschik-
Anzinger (geb. 1952), 1997
Öl auf Leinwand,
90 × 80 cm
St. Pölten, Landes-
sammlungen Niederösterreich,
Inv.-Nr. KS-12470

Das Mädchen in Marie Luise Lebschik-Anzingers Gemälde ist so in seiner eigenen Welt versunken, dass sich der lichtdurchflutete Raum um es herum langsam aufzulösen scheint. Der erwachsene Betrachter interessiert Pia nicht, ihr Blick schweift in die Ferne. Das Bild stammt aus einer Serie von Mädchenporträts, in denen die Künstlerin ihren Blick auf Wachstum, Sehnsucht, Unschuld und Anmut, aber auch Isolation richtet.

Lukas H. (11)

Ferdinand (8), Josefine (11) und Isabel (11)

Kind sein heißt:

Wenn man weiß, dass Erwachsene eine bestimmte Antwort hören wollen, ist es manchmal echt schwer, seine eigene Meinung zu sagen.

Josefine

Niemand erwartet von mir irgendetwas Spezielles.

Ella

Anna H. (8)

Ein Mensch zu sein. Und kein Konzept.

Es gibt
mittlerweile
ganz schön viele
Erwachsene, die
Kinder so sein
lassen, wie sie
sind.

Josefine

Emil (6)

Ella (8)

Ich bin so wild
wie Michel aus
Lönneberga.

Ferdinand

Iris (6)

Mein Lieblingsbuch

„Harry Potter" ● ●
„Das doppelte Lottchen" ●
„Die Schule der magischen Tiere" ●
„Die wilden Hühner" ●
„Dork Diaries" ●
„Drachenzähmen leicht gemacht" ●
„Ein Freund wie kein anderer" ●
Feuerwehr-Buch ●
„Geschichten vom Franz" ●
„Lotta-Leben" ●
„Ruby Fairygale" ●
„Sommerby" ●

Kind sein heißt:

„Nicht wie eine Prinzessin, sondern anders"

Viele Erwachsene haben bestimmte Vorstellungen von Kindern: Wie sollt ihr demnach sein?

ISABEL: Gut in der Schule, nicht zu viel am Handy, nicht zu lang vor dem Fernseher ... und wir sollen mehr mit der Familie machen.

JOSEFINE: Manche Erwachsene sagen: brav, lieb und so. Aber es gibt auch Erwachsene, die Kinder dazu ermutigen, wild zu sein.

Wie ist das konkret bei dir?

ELLA: Mir fällt niemand ein, der irgendetwas Spezielles von mir erwarten würde.

LUKAS H.: Ich glaub schon, dass unsere Eltern erwarten, dass wir, wenn wir weiterhin fleißig Klavier üben oder so, Großes erreichen.

JOSEFINE: Ich hab' das Gefühl, dass meine Eltern wollen, dass ich immer meine eigene Meinung sag.

Fällt dir das leicht?

JOSEFINE: Kommt darauf an. Wenn Erwachsene einen dabei anschauen und man schon weiß, dass sie eine bestimmte Antwort hören wollen, ist es manchmal echt schwer, seine eigene Meinung zu sagen.

Erwarten Erwachsene von Buben anderes als von Mädchen?

ANNA H., EMIL, IRIS, LUKAS H.: Nein.

ELLA: Grundsätzlich nicht, aber manchmal schon, zum Beispiel von Buben, die Fußball spielen. Manche Eltern schreien ihre Kinder an, dass sie den Ball treffen oder ein Tor schießen sollen. Bei Mädchen ist das nicht so, weil die normalerweise nicht Fußball spielen.

JOSEFINE: Ich glaub schon, dass sie Unterschiedliches erwarten. Zumindest sind manche Erwachsene noch sehr in diesem „Jungs sind wild und Mädchen sind lieb" verhaftet. Aber es gibt mittlerweile schon ganz schön viele, die Kinder so sein lassen, wie sie sind.

Gibt es eine Figur aus einem Buch oder einem Film, die du besonders gut findest, der du vielleicht sogar ähnelst?

ELLA: In meinem Lieblingsbuch gibt es keine Kinder, da spielen nur Tiere mit. Es geht um einen Wolf, der sich verletzt hat. Ein Erdmännchen befreit ihn, und dann werden sie Freunde.

LUKAS H.: Ja, Harry und Ron aus „Harry Potter". Sie sind ganz anders als Hermine, die immer alles lernt, immer alles weiß und die Hausübungen immer sofort macht. Harry und Ron sind nicht so, sie haben Spaß in der Freizeit, sind nicht so auf sofort Lernen.

ANNA H.: Luise und Lotte aus dem „Doppelten Lottchen", ich bin der Luise ähnlich.

FERDINAND: Michel aus Lönneberga – ich bin auch so wild wie Michel.

JOHANNA: Ich möchte so sein wie der Ohnezahn aus dem „Drachenzähmen"-Buch, der kann nämlich die Zähne einziehen und fliegen.

JOSEFINE: Penny aus einem Buch von Thomas Brenzina. Sie ist Tierschützerin – und ich hab Tiere auch sehr gern.

ISABEL: Ich les gern „Dork Diaries", und am liebsten sind mir die beiden besten Freunde von Niki, der Hauptperson. Die sind total lustig und haben immer voll die abgefahrenen Ideen. Aber wenn ich jemandem ähnle, dann der Filmfigur Merida, einer Bogenschützin. Sie ist nicht wie eine Prinzessin, sondern anders.

Johanna (4)

Ein Mensch zu sein. Und kein Konzept.

Ohne Lobby?

Kinder sind wertvoll, oder? Gerade die Politik betont regelmäßig die Bedeutung und den Wert der Kinder für die Zukunft unserer Gesellschaft. Bei politischen Entscheidungen jedoch hat man oft das Gefühl, dass das Wohl der Kinder auf der Prioritätenliste nicht immer ganz oben steht. Ein sporadischer Blick in die Zeitungen genügt, um zu sehen, dass uns dieses Gefühl nicht immer trügt.

Frust bei der Kindeswohlkommission: Keine Empfehlung umgesetzt

Vizekanzler Werner Kogler hatte die Kindeswohlkommission nach der Abschiebung von minderjährigen Mädchen im Vorjahr groß angekündigt. Der Wille war da, aber in Umsetzung kam bis jetzt keine Empfehlung.

kurier.at, 21.2.2022

Jedes vierte Kleinkind in Österreich ist armutsgefährdet

Eine Umfrage der Kinderfreunde und der Volkshilfe Österreich zeigt auf: Die Mehrheit der befragten Fachkräfte befürwortet eine Kindergrundsicherung.

derstandard.at, 10.10.2022

Kein Warmwasser für das Händewaschen in Schulen und Kindergärten der Stadt Salzburg

Elf Prozent soll die Stadt Salzburg laut dem Bundesministerium an Energie einsparen. Kinder sollen jetzt mit kaltem Wasser die Hände waschen.

sn.at, 8.10.2022

Hausordnung für „laute" Kinder auf Spielplätzen

In Wels sollen fünf Regeln das friedliche Zusammenleben von 128 verschiedenen Nationalitäten verbessern. Ein Punkt in der Hausordnung richtet sich auch gegen zu laute Kinder auf Spielplätzen. Dieser Appell löst viel Unmut aus.

krone.at, 3.11.2022

„Unsere Kinder waren viel zu lange zu Hause"

Kinder und Jugendliche waren nicht die Treiber der Pandemie. Deutschland gesteht ein, dass man Kindereinrichtungen wegen Corona nicht hätte schließen müssen. Österreich lenkt ein, Experten fühlen sich bestätigt.

kleinezeitung.at, 5.11.2022

Pandemiefolgen für Kinder verheerend

Dutzende Studien haben bereits die Auswirkungen der Pandemie und der Maßnahmen auf Kinder und Jugendliche dokumentiert, nun zeigen zwei weitere die negativen Effekte auf: In den USA fielen die Leistungen der Neunjährigen in Mathematik und Lesen auf das Niveau von vor zwei Jahrzehnten zurück. Und in Deutschland ist ein deutlicher Anstieg bei Depressionen bei Mädchen und Adipositas bei Buben zu verzeichnen. Kinder aus einkommensschwachen Haushalten sind in beiden Erhebungen besonders betroffen.

orf.at, 1.9.2022

Kinder sind ...

schwach

stark

unbeholfen

selbstständig

wild

brav

unvernünftig

klug

böse

gut

ohnmächtig

mächtig

süß

frech

unverdorben

grausam

unschuldig

lieb

boshaft

klug

lästig

wertvoll

klein

natürlich

aufmüpfig

neugierig

fantasievoll

formbar

kreativ

laut

schutzbedürftig

ehrlich

gefährdet

Fünf Eigenschaften, die ich sofort mit Kindern verbinde ...

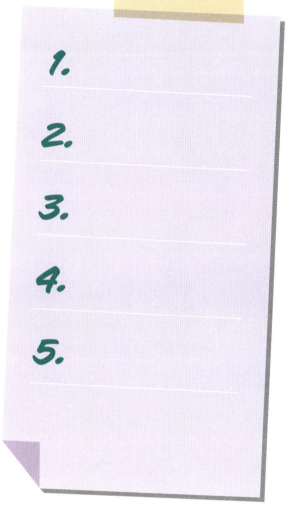

1.

2.

3.

4.

5.

Bei allen Maßnahmen, die Kinder betreffen, gleich viel ob sie von öffentlichen oder privaten Einrichtungen der sozialen Fürsorge, Gerichten, Verwaltungsbehörden oder Gesetzgebungsorganen getroffen werden, ist das **Wohl des Kindes** ein Gesichtspunkt, der **vorrangig** zu berücksichtigen ist.

Art. 3.1 der UN-Kinderrechtskonvention

Ein Mensch zu sein. Und kein Konzept.

Kind sein heißt:

Getragen, geschoben und gezogen zu werden.

Kinderwagen „Bavaria" → S. 146

Push

„Das kann nicht gesund sein", sagt die Großmutter zu ihr, „dieses ewige Tragen." Die Großmutter schiebt den leeren Kinderwagen durch die Erinnerung. Dort hängt auch das Kind an ihrer Brust, eine kompakte, schwere Wärme. Sie antwortet nicht. Der Kinderwagen ist eine Erfindung des Gehsteigs, denkt sie, da wie dort eine direkte Folge von Straßen.

Von Zeit zu Zeit spricht eine Computerstimme ihr Zahlen in das linke Ohr und sie weiß, sie hält ihre Geschwindigkeit, während sie gleichzeitig versucht, den Umstand, dass es überhaupt eine Geschwindigkeit zu halten gilt, zu vergessen. Sich nicht auf das Aufsetzen der Schuhsohlen auf den Asphalt zu konzentrieren. Das Laufen geht schneller, wenn man nicht daran denkt. Die Frau neben ihr, schwarzes Top, raschelnde Startnummer, Ohrstöpsel von Kopfhörern in den Ohren, hört Musik. Sie nicht. Sie hört ihren eigenen Atem. Das Geräusch der Atemzüge ist ihr zu real, zu laut, aber sie darf sich nichts in die Ohren stopfen, nichts mit Musik ausblenden, sie horcht auf das Kind.

Das Kind schläft. Ihre Finger haben sich zu fest um den Schiebegriff des Jogger-Wagens geklammert, sie wechselt die Hand. Entspannen. Die nächste Kilometermarkierung lässt auf sich warten. Acht Monate ist er alt, der kleine Mensch, genauso lange außerhalb von ihr, wie er ihr in ihr bewusst gewesen war. Wann ist der Moment, in dem man Mutter wird? Der Strich am Test, das gesehene Ultraschallbild, der gehörte Herzschlag, der gefühlte Tritt, das erste Umarmen? Manche sagen, wenn man Mutter wird, trauert man, trauert um den Menschen, der man früher war. Sie hatte sich sich selbst nie als Mutter vorstellen, also sich als Mutter fühlen, sich das Muttersein aus der eigenen Sicht heraus ausmalen können, nur aus der Sicht des damals noch fiktiven Kindes hatte sie sich ein Bild von sich selbst als Mutter machen können, über den Blick von außen, und in Wahrheit nicht einmal das – nein, die einzige Vorstellung, die ihr möglich gewesen war, war die, wie es wäre, ihr eigenes Kind zu sein. Was sieht, was hört, was fühlt, was erlebt das Kind, wie wird es sich an sie erinnern? Wie wird es seine Kindheit beschreiben, später einmal, anderen gegenüber? Oft sieht sie nun dem Kind fragend in die Augen: Was denkst du? Und findet es nur fair, dass sich das Kind seine

Kindheit wohl einmal großteils aus den Erzählungen der Mutter und den von ihr gemachten Fotos zusammenreimen wird.

Wenn das Kind schläft, ist man zwar allein, aber man darf nicht allein sein. Man schiebt zum Beispiel den Kinderwagen und darf nicht aufhören, oder man trägt das Kind in seiner Trage und muss gehen, immer weitergehen – also läuft sie. Läuft mit einer Hand am Kinderwagen, die andere auf der Höhe knapp unter ihrer Brust, schwingend, versuchend, ihren Atem zu vergessen, zu träumen.

Das Kind thront in einem tritonshornförmigen Gefährt. Die kleine Kutsche wird von einem dressierten Hund gezogen. Die Idee der Ziege als Zugtier war nach einem Blick in deren Augen wieder verworfen worden. Das Kind schwingt die Hand, als ahne es eine Peitsche darin.

Ihre Schritte werden ein wenig schneller, als hätte der Peitschenschwung ihr gegolten. Gleich darauf nimmt sie sich wieder zurück. Nur nicht davonlaufen. Die Frau neben ihr im schwarzen Top ist verschwunden, langsam nach hinten gefallen. Sie schließt weiter an die Läuferinnen vor ihr auf. Eine Gruppe in giftgrünen T-Shirts versperrt den Weg, sie muss über die äußere Seite der Fahrbahn ausweichen, um den Kinderwagen an ihnen vorbeizuschieben. Die ersten Köpfe drehen sich, drehen sich weiter, Blicke fallen auf den Kinderwagen, beschweren das Sonnendach, Blicke fallen auf sie, beschweren ihren Schritt, ein Tänzeln wird notwendig im Schritt der einen Läuferin, fast ein Stolpern passiert der anderen, eine Synkope im Lauf. Sie lächelt.

Sie lächelt die anderen Läuferinnen an, während sie ihr Tempo hält, den Griff hält, sich selbst im Zaum hält, weil sie sich auf einmal so leicht fühlt, nein, nicht nur leicht, wie nach vorne gezogen, ah, es geht beinahe unmerklich bergab, der Kinderwagen will jetzt rollen und sie lässt ihn, lässt ihn Schwung holen, man weiß nie – vielleicht kommt gleich die nächste Steigung.

Weiter. Noch einmal drei Kilometer weiter, als sie jemals mit dem Kind im Wagen gelaufen ist. Im Training für die Langstrecke läuft man niemals die volle Distanz. Wenn einem jemand nach der Geburt einen Menschen in die Hand drückt, gibt es keine Distanz und trotzdem nur noch die Langstrecke. Die Zukunft dehnt sich aus und gleichzeitig schrumpft sie zusammen.

Die Kamera vorne am Wagen wippt. Das Wippen der Kamera hascht genau am unteren Rand ihres Blickfeldes nach ihrer Aufmerksamkeit, zieht beständig an ihrem Fokus. Nicht an die Kamera denken, nicht an den Atem denken, nicht an sich selbst.

Sie denkt an verschiedene Kinderwagen, Gefährte durch die Dekaden. An die Frauen, die diese Wagen schoben und dabei den Schritt beschleunigten.

Das Kind schläft plötzlich nicht mehr, es quengelt. Mit dem Kind erwachen die Sorgen und Ängste. Die kleinen, die mittleren, die großen. Wird es unruhig? Möchte es hochgehoben werden? Hat es Durst, ist die Windel voll? Was, wenn es zu weinen beginnt?

Psh, psh, psh, sagt sie und kommt außer Atem, läuft zu schnell, läuft aus der Spur und tritt mit den Zehenspitzen gegen das Rad am Wagen. Sie erschrickt.

Das Kind macht weiter seine unzufriedenen Geräusche und sie tänzelt schräg auf die Seite, halb am Wagen vorbei, beugt sich vornüber, so weit es geht, greift nach dem Schnuller, der verloren gegangen an seiner Kette baumelt. Keine zehn Minuten mehr, versichert sie dem kleinen Menschen, sicher nicht länger. Sie wünscht sich Zuschauer an die Strecke, ein Winken und Fahnen, eine Ablenkung. Psh, psh, psh, sagt sie noch einmal.

Was, wenn es jetzt zu weinen beginnt, was, wenn es jetzt nicht aufhört, was, wenn sie jetzt stehenbleiben muss? Dann läufst du halt nicht weiter, sagt sie sich selbst, aber sie ist sich nicht sicher, ob das nicht eine Lüge ist. Dann läufst du halt nicht weiter, wiederholt sie in Gedanken bestimmt und stellt es sich eindringlich vor: Wie sie stehen bleibt, das Kind aus dem Wagen hebt, an ihre Wange. Wie sie es wiegt und dabei mit einer Hand an die Windel greift. Wie die Kamera aufhört zu wippen und weiterhin ungerührt aufzeichnet: Wie die anderen Läuferinnen eine nach der anderen an ihr vorbeitraben und sich kurz nach ihr umwenden, die einen mit einem freundlichen, die anderen mit einem mitleidigen Lachen. Psh, psh, psh, sagt sie wieder, diesmal zu sich selbst. Psh. Weiter.

Sie stellt sich vor, wie das Kind sich an diese Fahrt erinnern wird, ohne sich zu erinnern, wie es später vielleicht in einem beschleunigenden Auto sitzt und auf einmal ein Wiedererkennen in ihm ist, eine Reaktion auf das Gefühl des Nach-vorne-geschoben-Werdens, ein Moment lang ein Tunnelblick, in dem irgendwo ein Stoffvogel baumelt.

Sie läuft, und die Geräusche des Kindes werden leiser. Sie spürt wieder ein Ziehen in sich, das ist der Endspurt, oder vielleicht auch die Gebärmutter, es sind schon acht Monate. Sie schaut nach vorne, Richtung Ziel, schaut darüber hinaus in die Zukunft.

Das Kind sitzt in einer Schubkarre im Garten. „Fahren!", fordert es laut. Ein Loch im Metall ist mit einem Blech geflickt. Der Rost bröselt leicht. Sie stellt sich vor, mit der Schubkarre ein Rennen zu bestreiten, einen Slalom um die Tomatenpflanzen, das Ziel ist das Rosentor. Sie stellt sich vor, wie die Ziellinie in Sicht kommt und wie sie sich kurz davor davon abhalten muss, dem Gefährt einen Schubs zu geben, um das Kind noch ein bisschen schneller, noch ein bisschen früher darüberzuschicken, als gelte diese Zeit für sie beide, als wäre die Schubkarre selbst einer dieser alten Sportwagen, Leder und Chrom, als gewinne das auf einmal aufrecht sitzende Kind das Rennen allein.

Zwischen ihr und dem Rosentor liegen noch zwei Kilometer.

Der aktuelle Rekord für den Halbmarathon für Frauen, die einen Kinderwagen schieben, liegt bei 1 Stunde 22 Minuten und 29 Sekunden und wird von Lauren Stroud, USA, gehalten.

Cornelia Travnicek, studierte Informatik und Sinologie. Arbeitet im Bereich Visual Computing, übersetzt chinesische Literatur, schreibt Prosa und Lyrik. Vielfach ausgezeichnet, zuletzt mit „Feenstaub" (2020) auf der Shortlist zum Österreichischen Buchpreis 2020. www.corneliatravnicek.com

Getragen, geschoben und gezogen zu werden.

Babypod
20 × 6 cm
Schallaburg, Schallaburg
Kulturbetriebsges.m.b.H.

Ab der 16. Schwangerschaftswoche nehmen wir im Mutterleib Geräusche wahr. Man solle daher doch, so Empfehlungen, schon mit dem ungeborenen Kind sprechen und ihm stimulierende Musik vorspielen. Der 2016 entwickelte Babypod geht noch einen Schritt weiter: Die werdende Mutter kann den Lautsprecher vaginal einführen und so Musik oder Sprachbotschaften direkt vom Smartphone auf die Gebärmutter übertragen. Der Hersteller hat dafür sogar einen eigenen Spotify-Kanal eingerichtet.

Kind sein heißt:

Dominik Heher

KIND SEIN HEISST:
GETRAGEN, GESCHOBEN UND GEZOGEN ZU WERDEN.

Als Kinder sind wir von anderen Menschen abhängig. Gerade am Anfang stellen wir im wahrsten Sinne eine Last dar, die getragen werden muss. Irgendjemand hat sich ständig um unsere körperlichen und emotionalen Bedürfnisse zu kümmern. Und selbst wenn wir uns dann endlich fortbewegen können, braucht es Menschen, die Entscheidungen für uns treffen, uns vor den Gefahren unserer Umwelt und vor unserem eigenen Leichtsinn bewahren. Nun liegt es in der Natur der Sache, dass diese Menschen – vor allem, wenn sie uns gernhaben – auch gewisse Vorstellungen davon haben, was aus uns werden soll. So schieben, ziehen und locken sie auf jene Wege, die ihnen als die richtigen erscheinen. Meist sind diese Lotsen unsere Eltern beziehungsweise Erziehungsberechtigten – ein schönes Wort eigentlich, das zugleich Verantwortung und Kompetenz suggeriert (ob Letztere nun vorhanden ist oder nicht). Aber bei allem guten Willen sind die Weichenstellungen, die sie vornehmen, selten allein auf unser Bestes fokussiert, sondern beeinflusst, sei es vom unvermeidlich subjektiven Blick auf das Kind und von eigenen Wertvorstellungen, sei es von den ökonomischen Möglichkeiten der Familie, von gesellschaftlichen Erwartungshaltungen oder pädagogischen Trends.

Wolfgang Amadeus Mozart mit seiner Schwester Nannerl
*Eusebius Johann Alphen (1741–1772), um 1766
Miniaturmalerei auf Elfenbein, Messing vergoldet, 4 × 3,4 cm
Salzburg, Mozart-Museen der Internationalen Stiftung Mozarteum, Salzburg, Inv.-Nr. 1029*

Wolfgang Amadeus Mozart war zweifellos schon als Kind ein hochbegabter Musiker. Allerdings genoss er auch von frühester Kindheit an die Förderung durch seinen Vater Leopold. Dieser gab ihm nicht nur das musikalische Rüstzeug mit, sondern nahm zudem das Management des Wunderkindes in die Hand. Leopold förderte auch Mozarts Schwester Nannerl, die ebenfalls als höchst talentiert galt und gemeinsam mit ihrem Bruder auftrat. Doch als Nannerl ins heiratsfähige Alter kam, konzentrierte sich ihr Vater nur noch auf ihren Bruder. Eine Karriere als Musikerin schickte sich für eine seriöse Frau nicht.

Fraisenkette
Kruzifix, drei Silbermedaillen,
Reliquienkapsel, Lochstein,
Eichel in Metallfassung,
Adlerschnabel, Samen-
kapsel, Bergkristall mit
Drahtbindung,
D 20 cm
Ingolstadt, Privatsammlung
Heiner Meininghaus

Fraisenketten waren vor allem im süddeutschen und alpinen Raum verbreitete Talismane, die das Überleben von Säuglingen und Kleinkindern sichern sollten. Darauf ist das gesamte Arsenal an verfügbaren Schutzsymbolen gebündelt, vom Kruzifix über kleine Reliquiare bis hin zu Krallen oder Zähnen von Tieren. Ihr Zweck: die Abwehr der gefürchteten „Fraisen". Solcherart bezeichnete man Kinderkrankheiten, die mit Krämpfen und epileptischen Anfällen einhergingen und nicht selten tödlich endeten.

Kind sein heißt:

●● 142

●● 143

Fördern oder Kind sein lassen?

Dass Kinder wertvoll sind, einfach weil sie Kinder sind, wurde noch nie so vehement vertreten wie heute. Die glückliche Kindheit ist längst zum Ideal erhoben, die optimale Förderung zumindest in gewissen Gesellschaftsschichten unausgesprochenes Diktat. Das übt auf die Erziehungsberechtigten einen gewissen Druck aus. Wie viel Förderung ist nötig? Sollte sie schon im Mutterleib beginnen → **S. 142**? Was ist zu viel? Müssen die „Entwicklungsfenster" optimal genutzt werden oder lässt man dem Kind lieber Freiräume? Und welche Fertigkeiten soll man überhaupt unterstützen? Viele, bei weitem aber nicht alle Familien in Österreich sind mit einem veritablen Überangebot an Möglichkeiten konfrontiert: Schickt man das Kind lieber in den Frühenglischkurs, versucht man es für ein Instrument zu gewinnen, schreibt man es besser in den Waldkindergarten ein, oder geht sich gar alles aus? Später dann die Wahl der Schulform: Mittelschule oder doch Gymnasium? Ständig stehen Entscheidungen an, die das Leben des Kindes nachhaltig prägen können. Mit jeder Tür, die man öffnet, könnte man schließlich eine andere zuschlagen. Und ohne die geeignete Förderung ist das Potenzial des Kindes möglicherweise in Gefahr zu verpuffen. Was wäre aus Mozart geworden, hätte ihn nicht sein Managervater unaufhörlich gepusht und promotet? → **S. 143**

Vermutlich konnten und wollten Eltern auch in keiner Epoche so intensiv in die Kindheit ihrer Sprösslinge involviert sein wie heute. Die oft belächelten „Helikopter-Eltern", die gleichsam über ihren Kindern kreisen und jeden ihrer Schritte beobachten, sind weiter verbreitet als je zuvor. Mittlerweile hat man auch eine Untergattung dieser Spezies ausgemacht: Die „Rasenmäher-Eltern" wissen nicht nur über jeden Schritt ihrer Kinder Bescheid, sondern versuchen auch, allfällige Hindernisse aus dem Weg zu räumen, ehe ihr Kind darüber stolpern und Frustration erleben könnte. Sie werden auch „Bulldozer-" oder „Curling-Eltern" genannt – wer den Sport kennt, wird verstehen, warum …

Auf der anderen Seite der Skala elterlicher Einmischung finden wir eine weitere junge Wortschöpfung: Die „Free-Range-Eltern" ziehen ihre Kinder in „Freilandhaltung" groß und räumen ihnen möglichst große Freiheiten ein, um ihre Selbstständigkeit zu fördern. Der Übergang zu den klassischen „Rabeneltern", die ihren Nachwuchs schlicht vernachlässigen, scheint für manche Kritiker ein fließender. Es fällt auf, dass hier vor allem mit negativen Begriffen operiert wird, mit Elternbildern, die oft schon karikaturhaft überzeichnet sind. Das eigene Kind „richtig" zu erziehen, hieße demnach, elegant an all diesen Kategorien vorbeizumanövrieren und den berühmten goldenen Mittelweg zu finden. Das erfordert allerdings ein gehöriges Maß an Selbstreflexion, denn nur weil man auf einem hohen Ross sitzt, hat man nicht immer auch den besten Überblick.

Vielleicht machen sich Erziehungsberechtigte auch einfach zu viele Gedanken. Fragt man Mütter und Väter, was sie sich für ihre Kinder wünschen, so belegen „Gesundheit" → **S. 144** und „Glück" stets die obersten Ränge. Sollte es dafür nicht eigentlich ausreichen, Kindern vorzuleben, wie man sich gesund hält und dass man in vielem Verschiedenen Erfüllung und Glück finden kann?

Getragen, geschoben und gezogen zu werden.

Kinderwagen „Bavaria"
1952
Metall, verchromt,
Wachstuch,
90 × 140 × 80 cm
Scharndorf,
Kinderwagenmuseum,
Inv.-Nr. 93

Kinderwagen greifen immer wieder auch Trends ihrer Zeit auf. Als sich in den 1950er-Jahren das Auto rasant verbreitete, folgten die Kinderwagen dem Design der Auto-Industrie: Sie lagen fortan tiefer, hatten kleine Räder, und manche Modelle wie der „Bavaria" imitierten sogar Stoßstangen. Die Kinderwagen waren damals bewusst nicht (nur) auf eine mütterliche Zielgruppe ausgerichtet, sondern wollten die Väter begeistern, die meist darüber entschieden, welches Modell angeschafft werden sollte.

Kind sein heißt:

„Projekt Kind"

Ein weiterer Begriff, der eine übermäßige Fokussierung auf den Nachwuchs aufs Korn nimmt: „Projekt Kind". Ja, gewiss gibt es Menschen, die es mit der Planung des Lebensweges ihres Kindes bis zum Abschluss summa cum laude übertreiben. Aber in gewisser Weise ist doch jedes Kind ein Projekt seiner Eltern. Es mag sein, dass der Kick-off bei so manchen eher unverhofft als geplant stattfindet, aber sobald das Kind auf dem Weg ist, werden erste Überlegungen angestellt. Eine der ersten Fragen: Wie wird sie oder er heißen? Keine leichte Entscheidung, denn unser Name ist mehr als Schall und Rauch. Er ist Programm und hat gewaltigen Einfluss auf das Bild, das sich andere von uns machen, ehe sie uns kennenlernen. Längst ist bekannt, dass gewisse Vornamen, die auf Migrationshintergrund oder die Herkunft aus benachteiligtem gesellschaftlichen Milieu schließen lassen, die Jobsuche erschweren. Über den Namen lässt sich viel kommunizieren, unter anderem Traditionsverbundenheit, Geltungsdrang, Kreativität, Bildungsniveau. Ob das „Projekt" seinem Titel dann auch gerecht wird, steht noch in den Sternen, doch unterstreicht er zweifellos das Image der Namensgeber.

Jedes Projekt ist freilich nur so gut wie seine Vermarktung. Kinder waren immer auch schon Statussymbole, mit denen ihre Eltern prahlen konnten. Eines der ikonischsten Objekte für die Inszenierung frischgebackener Eltern ist der Kinderwagen → **S. 146**. Kinderwagen im heutigen Sinn gibt es erst seit den 1840er-Jahren; sie wurden zunächst noch von Korbflechtern gefertigt. Kaum erfunden, war die Nachfrage enorm. Für den durchschlagenden Erfolg waren zwei Dinge grundlegend, die beide in der ersten Hälfte des 19. Jahrhunderts eine Novität darstellten: gepflasterte Gehwege und eine hohe soziale Wertschätzung für das Familienleben, das man auch außerhalb der eigenen vier Wände herzeigen wollte. In der gehobenen Gesellschaft wurde das sonntägliche Flanieren und Gesehenwerden zur Gewohnheit. Schon bald verbreitete sich das praktische Gefährt aber in weiten Teilen der Bevölkerung. Ein ganzer Industriezweig entstand, der eine breite Palette an Modellen mit erstaunlichen technischen Details hervorbrachte, vom schwenkbaren Verdeck bis zum umbaufähigen Innenraum. Von Anbeginn war der Kinderwagen weit mehr als ein Transportmittel, er war eine Bühne.

Nun liegt es in Zeiten von Social Media mehr denn je im Trend, das eigene Familienidyll, aber auch die Erfolge des Kindes nach außen zu tragen, selbst wenn niemand danach gefragt hat. Heerscharen von Müttern und Vätern bevölkern das Internet und posten Fotos ihrer Kinder in den verschiedensten mehr oder minder konstruierten Situationen. „Sharenting" lautet das Modewort für den Drang, seine familiären Erlebnisse mit der anonymen Welt des Internets zu teilen. Nur den wenigsten Eltern ist bewusst, wie problematisch ein allzu sorgloser Umgang mit Fotos des eigenen Nachwuchses sein kann. Denn Kinder haben ebenfalls Persönlichkeitsrechte – und dazu gehört auch das Recht am eigenen Bild.

Getragen, geschoben und gezogen zu werden.

Flora (8), Jonathan (6), Lukas S. (5)
und David (8)

Anna M. (11)

Isabel (11)

Emma (7)

Ferdinand (8)

In der Bibel hat
David Goliath
besiegt, darum
haben sie mich
David genannt. Sie
wollten, dass ich
mich groß fühle.

David

Was bei mir am Nachmittag auf dem Programm steht ...

Hausübung machen
mit Freunden treffen
Geigenunterricht
Lesen
Playmobil spielen
Springseil hüpfen

Kind sein heißt:

„Sie wollten, dass ich mich groß fühle"

Weißt du, wie du zu deinem Namen gekommen bist?

FLORA: Ja! Die Mama hat von der Oma einen Tag vor meiner Geburt eine Blume gekriegt. Deshalb heiß ich Flora.

JONATHAN: Weil meine Eltern den Namen schön finden.

LUKAS S.: Wenn man „du, du, du" sagen müsste, weil jemand keinen Namen hat, wäre das ja gar nicht schön ...

JONATHAN: Dann würden die anderen gar nicht wissen, wer gemeint ist!

DAVID: Unsere Eltern haben uns den Namen gegeben wegen der Kirche. Sie wollten uns einen kirchlichen Namen geben – David hat Goliath in der Bibel besiegt, darum haben sie mich David genannt. Sie wollten, dass ich mich groß fühle.

Hast du bestimmte Aufgaben zu erfüllen?

DAVID: Ja, brav meine Hausübungen machen.

JOSEFINE: Sachen finden.

FERDINAND: Fußball spielen.

ISABEL: Klavier spielen.

FERDINAND: Schlagzeug spielen.

Wie ist das mit Geschwistern? Wird von den Älteren etwas anderes erwartet als von den Jüngeren?

ISABEL: Mein Vater erwartet von mir, dass ich mehr lerne. Bei meiner älteren Schwester ist das anders.

JOSEFINE: Ich glaub nicht, dass sie etwas von mir erwarten, weil ich die Ältere bin. Aber ich merk schon, dass sie mir sehr viel Verantwortung geben. Früher war es auch so, aber das war eine andere Art von Verantwortung.

Musst du manchmal etwas planen?

ALLE *(ÜBEREINSTIMMEND)*: Ja.

EMMA: Wenn ich zum Beispiel bei einer Freundin bin, ob es sich ausgeht, alles zu spielen, was wir vorhaben.

ANNA M.: Manchmal, wenn man für Schularbeiten lernt und man auch noch ein Hobby hat – wie sich das zeitlich ausgeht.

Hast du schon einmal etwas gemacht, womit deine Eltern nicht einverstanden waren?

LUKAS S.: Einmal Schimpfwörter gesagt.

DAVID: Wir haben einmal ferngesehen, obwohl wir es überhaupt nicht durften.

FLORA: Also ich hab einmal die Hausübung nicht gemacht, und wie die Mama das am Abend gesehen hat, war sie voll wütend. Dann musste ich sie noch bis Mitternacht machen.

DAVID: Einmal hab ich in das Schulheft schlampig geschrieben.

LUKAS S.: Und einmal hat die Mama die Stifte hingeschmissen ...

DAVID: Ja, sie war richtig sauer, weil ich die Hausübung nicht gemacht hab, und hat das Federpennal mit den Stiften hingeschmissen.

Hast du umgekehrt schon einmal etwas getan, nur weil es deine Eltern wollten?

JOSEFINE: Lernen.

FERDINAND: Mich entschuldigen.

ISABEL: Mit manchen Leuten sprechen, mit denen ich eigentlich nicht so gern sprechen wollte.

Ist es dir wichtig, dass deine Eltern mit dir zufrieden sind?

FLORA: Nein.

LUKAS S.: Ja, weil dann müssen sie nicht so schimpfen und dann ist es nicht so laut.

JOSEFINE: Eigentlich schon, aber wenn ich total anderer Meinung bin, ist es mir auch egal.

Josefine (11)

Getragen, geschoben und gezogen zu werden.

Kein Kind darf willkürlichen oder **rechtswidrigen Eingriffen in sein Privat-leben,** seine Familie, seine Wohnung oder seinen Schriftverkehr oder rechts-widrigen Beeinträchtigungen seiner Ehre und seines Rufes ausgesetzt werden. Das Kind hat Anspruch auf **rechtlichen Schutz** gegen solche Eingriffe oder Beeinträchtigungen.

Art.16.1–2 der UN-Kinderrechtskonvention

Kind sein heißt:

Unser ganzer Stolz!

Kinder tragen unweigerlich zum Image der Familie bei. Vom Namen über die Kleidung bis hin zu Sprache und Manieren gibt das Kind Eindrücke vom familiären Hintergrund, im Positiven wie im Negativen. Zumindest in der Welt der inszenierten Bilder liegt es in der Macht der Erwachsenen, das Kind und die Familie genau so zu positionieren, wie man wahrgenommen werden möchte. Soziale Medien sind mittlerweile voll von bloggenden Müttern und Vätern, die ihre Follower an ihrem Familienleben teilhaben lassen. Dass Kinder ein Recht auf den verantwortungsvollen Umgang mit Bildern von sich haben, wird dabei oft leichtfertig übersehen.

Wussten Sie, dass …

… in Österreich pro Jahr hochgerechnet etwa **37 Millionen Fotos** von Kleinkindern im Netz hochgeladen werden?

… Bilder von Kindern nur mit deren **Zustimmung** in sozialen Medien gepostet werden dürfen?

… auch **vermeintlich harmlose Bilder** von Kindern in Windeln oder Badebekleidung oft für sexuelle Zwecke **missbraucht** werden?

… peinliche Fotos ein gefundenes Fressen für **Cyber-Mobber** sind?

… man beim Hochladen von Fotos oder Videos in sozialen Medien häufig die **Nutzungsrechte** abtritt?

… Dateien selbst beim Löschen eines Accounts **auf den Servern verbleiben?**

… ein Drittel der Eltern bereits **vor der Geburt** ein Ultraschallbild verschickt hat?

… etwa **zehn Prozent** der Eltern täglich zumindest ein Foto oder Video ihrer Kinder hochladen?

Quelle:
www.saferinternet.at/fileadmin/redakteure/Projekt-Seiten/Safer_Internet_Day/Safer_Internet_Day_2020/Safer_Internet_Day_2020_Infografik.pdf

Meine Eltern nannten mich:

Weil:

Mein Spitzname war:

Wenn ich mir einen anderen Namen aussuchen könnte, dann wäre es:

Getragen, geschoben und gezogen zu werden.

Kind sein heißt: Bedingungslos geliebt zu werden, oder?

Amme mit Kind →S.165

Heinz Janisch

„Die Kindheit ist der Unterboden"

I.

„Kind sein heißt: Bedingungslos geliebt zu werden, oder?"
Man möchte den Satz sofort verändern.
Das Oder muss weg.
„Kind sein heißt: Bedingungslos geliebt zu werden."
Aber das Oder ist im Kopf und lässt sich nicht weglügen.
Kinder werden bedingungslos geliebt.
Aber sie werden auch gekränkt, gedemütigt, verletzt, missbraucht.
Das Oder wird immer lauter, bis es den Satz überdröhnt.
Noch etwas irritiert.
Was meint die Darstellung einer Amme mit Kind?
Ist es von Bedeutung, ob ein Kind von leiblichen Eltern, von Adoptiveltern, Zieheltern oder einer Amme geliebt wird?
Stellt man bei der Amme, der bezahlten „Nährmutter", die das Kind stillt, die Liebe in Abrede?

Fällt das große Oder auf die Amme und die Mutter zurück, die das Kind zum Stillen einer anderen Frau gegeben hat?
Kennen beide nicht die bedingungslose Liebe zu einem Kind?
Allein der Gedanke ist anmaßend. Was wissen wir von anderen Zeiten und gesellschaftlichen Zwängen, um urteilen zu können?
Steht es uns zu, das Misstrauen den Frauen und der Liebe gegenüber?
Wissen wir – sogar dann, wenn wir selbst Eltern sind –, was es bedeutet, Eltern zu sein?
Wir lieben unsere Kinder doch bedingungslos. Oder?

ANDERE KINDER

Andere Kinder
haben vieles,
das ich nicht habe

Andere Kinder
haben
andere Eltern

Und das
will ich gar nicht

II.

„Nestwärme."
Mit diesem Wort beschrieb der deutsche Illustrator Ali Mitgutsch das bleibende Gefühl seiner Kindheit.
Nachkriegszeit in München, Wiederaufbau, eine Stadt in Trümmern.
Und dennoch: „Nestwärme."

„Die Kindheit ist der Unterboden, auf dem man steht", sagte die Lyrikerin Hilde Domin. „Ob im Exil, in der Fremde, in so schwierigen Situationen – da gab es einen festen Boden, auf dem ich ein Leben lang stehen konnte. Ich wusste um die bedingungslose Liebe meiner Eltern."
Dieser Unterboden ist nicht überall so verlässlich da und so tragfest.
„Ich bin als Kind von zu Hause weggelaufen, um endlich gesehen zu werden", erzählte der Pädagoge Udo Baer. „Es hat nicht geholfen."

WEGLAUFEN

Ich bin nicht weggelaufen
Ich bin nur zur Seite gegangen,
sieben Schritte

Sieben Schritte,
und schon war ich unsichtbar

Sieben Schritte lang
habe ich gewartet,
Minuten und Stunden

Sieben Schritte lang
habe ich gesehen,
dass niemand mich sucht

III.

Das Bild einer Amme macht nachdenklich.
Was weiß ich über den Beruf?
Ein Blick in das „Etymologische Wörterbuch des Deutschen" hilft.
Eine Amme wird als „ein fremdes Kind stillende Frau" beschrieben, als „Nährmutter", wobei das althochdeutsche Wort *amma* – mittelhochdeutsch *amme* – auch die Bedeutung „Großmutter" oder „Mutter" hat. Die Bezeichnung „Amme" ist vermutlich auf ein Lallwort aus der Kindersprache zurückzuführen und seit dem 11. Jahrhundert belegt.
Das Stillen der eigenen Kinder durch bezahlte Ammen war schon in der Antike üblich, auch im alten Orient; in Ägypten bekleideten sie oft eine hohe Stellung in den Familien und am Hof.
Im Alten Testament findet sich Debora, die Amme der Rebekka, aus der römischen Mythologie nicht wegzudenken ist die Romulus und Remus, die späteren Gründer Roms, säugende Wölfin.
Den Kindern die eigene Brust zu geben galt noch im 18. Jahrhundert als ungesund und ekelhaft. Babys wurden oft für zwei Jahre zum Stillen aufs Land geschickt. Für viele Bäuerinnen erwies sich der Beruf der Amme als einträgliches Geschäft.

Die 300 v. Chr. entstandene Darstellung einer Amme verweist also auf eine lange Tradition.
Bedingungslose Liebe?
Von der Amme zum Kind, das ihre Muttermilch trinkt?
Von der Mutter zum Kind, die ihm Gutes will und es doch von sich fernhält?
Jede stillende Mutter ist eine Amme, sagt das Wörterbuch.
Könnte es nicht sein, dass die Körper- und Seelenwärme einer Amme oft mehr Liebe und Geborgenheit in einer Kinderseele hinterließ als die Zuwendungen der leiblichen Eltern?
Den Ammen gehörte immerhin der Anfang, der kostbare, unwiederbringliche Anfang des Kindseins.

IV.

Der Nobelpreisträger für Literatur 2011, der schwedische Lyriker Tomas Tranströmer, hat ein Buch über sein Leben geschrieben. Es heißt „Die Erinnerungen sehen mich" und hat – wie es sich für einen Lyriker gehört – nur 78 luftig bedruckte Seiten.
80 Jahre werden auf nicht einmal 80 Seiten reflektiert.
In den ersten Sätzen heißt es:

„Mein Leben. Wenn ich diese Worte denke, sehe ich einen Lichtstreifen vor mir. Bei näherer Betrachtung hat der Lichtstreifen die Form eines Kometen, mit Kopf und Schweif. Das lichtstärkste Ende, der Kopf, sind die Kindheit und das Heranwachsen. Der Kern, sein dichtester Teil, ist die sehr frühe Kindheit, wo die wichtigsten Züge in unserem Leben festgelegt werden. Weiter hinten verdünnt sich der Komet ..."

Die sehr frühe Kindheit als „lichtstärkster Teil" des Kometen, als sein Kern.
Die Kraft und Intensität der Anfänge – sie strahlen am stärksten. Wo vieles nur noch als Wiederholung, als Routine erlebt wird, wird auch das Licht schwächer.
Das Licht des Anfangs!
Jede Mutter, jede Amme weiß davon.

V.

Vor Jahren hatte ich einen Traum, der mich nicht mehr loslässt.
Ich war in zwei Hälften geteilt, halb Kind, halb alter Mann.
Träume lügen nicht.

Wir sind jung und alt zur selben Zeit, wir haben den Anfang in uns und das Wissen um das Ende, das – wer weiß – vielleicht wieder ein Anfang wird.

ALS OB

Als ob wir
den ganzen Tag
hören möchten
DU BIST ABER SCHON GROSS
GEWORDEN!

Als ob wir
nicht längst wüssten
dass die Erwachsenen
jeden Tag
kleiner werden

Der Salzburger Schriftsteller Walter Müller hat mir etwas Berührendes erzählt: Als seine Mutter schwerkrank im Spital lag, eine alte, zerbrechliche Frau, wurde sie im Krankenhaus zunächst als alte Frau, dann nur mehr als „Krankheit" wahrgenommen. Wie andere auch.
Im Krankenhausjargon klang das so: „Da liegt die Bauchspeicheldrüse, dort haben wir den Kehlkopf, da drüben die Prostata."
Jeder, der einmal länger im Krankenhaus war, kennt das.
Walter Müller hat etwas Einfaches und Wirkungsvolles gemacht.
Er rahmte ein Bild seiner jungen Mutter und nahm es mit ins Krankenhaus. Er stellte das Bild seiner Mutter als junge Frau neben das Bett.
Nach zwei, drei Tagen hatte sich das Verhalten der Ärzte und des Pflegepersonals

der Mutter gegenüber geändert – das Bild wurde bewundert, man sprach von ihrer Schönheit, von ihrer Jugend, von ihrer Kindheit, man sprach von den Anfängen. Halb Kind, halb alte Frau: Endlich wurde auch die zweite Seite gesehen.

Hilft uns das Wissen um den Anfang, um das eigene lebenslange Kindsein bei der Frage nach der bedingungslosen Liebe? Man kann nur den eigenen Anfängen nachspüren und ausprobieren, ob der Unterboden hält. Ob es sich leicht und gut und sicher anfühlt, gleichzeitig jung und alt zu sein.

Am Anfang des Anfangs lernen sie von den Müttern und Vätern, von den Großmüttern und Großvätern, von den unerschütterlichen Ammen.

Sie erfahren – hoffentlich – bedingungslose Liebe. Ohne ein Oder.

Sie bekommen – hoffentlich – einen Unterboden zu spüren, der hält.

Auch in schwierigen Zeiten. Damit sie Kinder bleiben können.

Ein Leben lang. Von Anfang zu Anfang.

„The ball I threw while playing in the park has not yet reached the ground."
(Dylan Thomas)

STILL

Manchmal
kann man wunderbar still sein
mitten
im größten Lärm
Man bleibt einfach
still
und denkt sich seinen Teil
Diesen Teil
kann man auch lautlos
summen
oder
singen
oder
zwitschern
Zwitschern
ist das Schönste

Anmerkungen:
Das Zitat von Tomas Tranströmer findet sich im Band „Die Erinnerungen sehen mich". Die Gedichtzeilen von Dylan Thomas sind dem Gedicht „Should Lanterns Shine" entnommen, enthalten in „The Collected Poems of Dylan Thomas: The New Centenary Edition". Die Zitate von Hilde Domin, Ali Mitgutsch und Udo Baer stammen aus Interviews des Autors mit den Genannten für die ORF-Hörfunkreihe „Menschenbilder".
Die Gedichte „Andere Kinder", „Weglaufen", „Als ob" und „Still" von Heinz Janisch sind unveröffentlicht. Die Rechte liegen beim Autor.

VI.

„Kinder sind Weltmeister im Anfangen", hat der Schriftsteller Peter Härtling einmal geschrieben.

Heinz Janisch, geboren in Güssing, lebt in Wien und im Burgenland. Journalist, Mitarbeiter beim ORF (Hörfunkreihe „Menschenbilder") und Autor. Zahlreiche Veröffentlichungen, darunter viele Kinderbücher. www.heinz-janisch.com

Kind sein heißt:

Bedingungslos geliebt zu werden, oder?

Die Familie Wallner
Barbara Krafft (1764–1825),
1809
Öl auf Leinwand,
65 × 79,5 cm
Wien, Belvedere, Wien,
Inv.-Nr. 3682

Die Bürgerfamilie Wallner ließ sich in diesem Porträt nach den Traditionen der Romantik festhalten. Die Einbettung in eine idyllische Gartenlandschaft unterstreicht die „Natürlichkeit" der Familie und der gelebten Rollenbilder. Dem Zeitgeist entsprechend dürfen auch die Kinder auf dem Gemälde ihrer Natur folgen und Kinder sein. Trotzdem ist das Bild durchkomponiert; die älteren Kinder bieten Vater und Mutter (hier ergänzt um Großmutter und Kinderfrau) einen schmückenden Rahmen.

Kind sein heißt:

Dominik Heher   KIND SEIN HEISST:
                  BEDINGUNGSLOS GELIEBT ZU WERDEN, ODER?

Vater, Mutter, zwei Kinder: Das „traditionelle" Bild von der idealen Familie als sicherer Hafen, der dem Nachwuchs Förderung und aufopfernde Liebe angedeihen lässt, hält sich vor allem in der Werbung hartnäckig. Allein die Tatsache, dass die Kernfamilie als „traditionell" betrachtet wird, lässt einen leicht vergessen, dass das Konzept Familie nicht in Stein gemeißelt ist. Größe, Zusammensetzung und Aufgabenverteilung wurden und werden ständig neu verhandelt, und ebenso die Beziehung zwischen Eltern und Kindern sowie die wechselseitigen Rechte und Pflichten.

Wenn man sich kursorisch mit der Entwicklung von Familienformen in Europa beschäftigt, fällt auf, dass es einerseits langlebige Idealvorstellungen gibt und andererseits eine große real gelebte Vielfalt. Die Kernfamilie mit zwei Erwachsenen und zwei oder drei Kindern hat es immer gegeben; sie war, entgegen einer gängigen Annahme, in den meisten Epochen und Gegenden weitaus verbreiteter als die Großfamilie, bei der mehrere Generationen unter einem Dach wohnten. Eine hohe Kindersterblichkeit und eine niedrige Lebenserwartung reduzierten den Hausstand automatisch. Allerdings zählte man je nach Zeit und Region gern sämtliche Personen im Haushalt zur „Familie", etwa auch Dienstmägde und Knechte. Da zudem Elternteile häufig starben, ist auch die Patchworkfamilie keine Erfindung unserer Zeit.

Vater

Unabhängig davon, wie weit man den Familienbegriff fasste, stand eines lange außer Frage: Der Vater ist unumstrittenes Familienoberhaupt. Er war für die Unterbringung, Versorgung und Organisation der Ausbildung der Kinder zuständig. Doch im 18. Jahrhundert wurde Familie neu gedacht. Sie sollte nun idealerweise ein Verband von Menschen sein, die einander unterstützten. Mann und Frau auf Augenhöhe. Theoretisch. An der Vorherrschaft des Vaters wurde in Wahrheit nicht gerüttelt. In Österreich sollte es bis 1977 dauern, dass Müttern dieselben Rechte in der Kindererziehung eingeräumt wurden wie den Vätern.

Argumentativ begründete man den Vorrang des Mannes mit der Theorie der „Geschlechtercharaktere", die sich schon vor Jahrhunderten herausgebildet hatte und daher als besonders glaubwürdig erschien: Männer seien von Natur aus aktiv und rational, Frauen hingegen passiv und emotional. Erstere sollten sich daher außerhalb des Hauses betätigen und für das Einkommen sorgen, Letztere ihre Stärken der Haushaltsführung und der Aufzucht der Kinder widmen → **S. 158**. Das alles war, wie gesagt, nicht neu, wurde aber im bürgerlichen Milieu des späten 18. Jahrhunderts verdichtet und idealisiert. In der Zurückgezogenheit des Biedermeiers wurde die Familie im eigenen Heim zum paradiesischen Rückzugsort verklärt und nun auch die elterliche – das heißt, vor allem die mütterliche – Zuneigung zum Nachwuchs zumindest nach außen hin zelebriert.

◉◉ 165

◉◉ 162

Mutter

In ebendieser Zeit stimmte man im bürgerlichen Milieu wahre Lobeshymnen auf jene Mütter an, die sich aufopfernd um ihre Kinder kümmerten. Die verbreitete Praxis, Kinder Ammen zu übergeben, wurde verteufelt und eine regelrechte Kampagne für das Stillen von Babys losgetreten, die auch Wirkung zeigte →**S. 161, 165**. Überhaupt empfand man die vor allem im Adel gepflogene Distanz zwischen Eltern und Kindern als widernatürlich. Das Ideal aufrichtiger und gegenseitiger Liebe als Kitt zwischen den einzelnen Familienmitgliedern erlebte ab dem 18. Jahrhundert eine erste Hochkonjunktur. Entstanden im Bürgertum, fand dieses Familienidyll, so unerreichbar es für viele auch sein mochte, bald Verbreitung in den meisten Bevölkerungsschichten.

In seinen Grundzügen wirkt das Familienbild der Biedermeierzeit bis heute nach, auch wenn sich vieles verändert hat. Die Allmacht der Väter ist passé. Selbst die wirtschaftliche Verantwortung tragen die Männer nicht mehr allein. Immer mehr Frauen sind berufstätig und haben die häusliche Sphäre als alleiniges Betätigungsfeld längst verlassen. Interessanterweise halten sich die „Geschlechtercharaktere" aber immer noch. Die Beteiligung von Männern an Haushalt und Kindererziehung ist zwar in den vergangenen Jahrzehnten merklich gestiegen, doch erscheint die häusliche Welt samt Sorge um den Nachwuchs nach wie vor auf natürliche Weise mit den Müttern verbunden. Etliche während der Corona-Pandemie vorgenommene Studien haben einmal mehr gezeigt, dass es nach wie vor die Mütter sind, die im Krisenfall die Mehrfachbelastung von Berufstätigkeit, Haushalt und Kinderbetreuung zu spüren bekommen – weit mehr als die Väter →**S. 162**. Das biedermeierzeitliche Konzept der Kernfamilie war eben nicht auf erwerbstätige Mütter ausgerichtet; ihr Alltag kann heutzutage ohne staatlich organisierte Betreuungseinrichtungen für Kinder gar nicht mehr funktionieren.

Kind

Dass heute viele Paare bewusst darauf verzichten, Kinder in die Welt zu setzen, ist ein Phänomen der vergangenen paar Jahrzehnte. In der Regel galten Kinder als erstrebenswert. Die Sorge um die Fruchtbarkeit ist daher so alt wie die Menschheit selbst. Zaubersprüche, Gebete, Amulette und Rezepte aus allen Epochen legen beredtes Zeugnis davon ab. Waren die Kinder dann geboren und überlebten sie ihre ersten Lebensjahre, wurden ihnen schon früh Aufgaben im Haushalt oder im Betrieb übertragen. Später erwartete man von ihnen, dass sie durch ihre Arbeitsleistung zum Haushaltseinkommen beitrugen.

Mutterliebe
Josef Danhauser
(1805–1845), 1839
Öl auf Leinwand,
50,7 × 42 cm
Wien, Belvedere, Wien,
Inv.-Nr. 280

Mit dem Porträt seiner Frau Josefa beim Stillen des gemeinsamen Sohnes Josef bediente Josef Danhauser den Geschmack seiner Zeit. Es gelang ihm, das bürgerliche Ideal der in häuslicher Zurückgezogenheit aufblühenden Ehefrau perfekt einzufangen: Sie kümmert sich liebevoll um den Nachwuchs und stillt ihn selbstverständlich auch. Mutter und Kind bilden eine geschlossene, natürliche Einheit. Um sie herum scheint nichts zu existieren – nicht einmal der Vater, der die Szene mit dem Pinsel festhält.

Bedingungslos geliebt zu werden, oder?

Neue Spielregeln
Veronika Dirnhofer
(geb. 1967), 2003
Acryl
St. Pölten,
Landessammlungen
Niederösterreich

Die Idealisierung der sich für das Kind aufopfernden Mutter geht – wie die meisten anderen Vorstellungen davon, wie Frauen seien und wie sie sich zu verhalten haben – auf Männer zurück. Die Erwartungen an eine Mutter sind auch heute noch hoch. Überforderung einzugestehen ist ebenso tabu, wie seine eigenen Bedürfnisse über jene des Kindes zu stellen. Veronika Dirnhofers Werk ist eine mutige Auseinandersetzung mit der Angst der Frau, in der neu eingenommenen Mutterrolle ihre eigene Identität zu verlieren, sich im Schatten des Kindes aufzulösen.

Votivbild
um 1850
Öl auf Leinwand,
73 × 51,5 cm
Maria Taferl, Schatzkammer
der Basilika,
Inv.-Nr. MT 650

Die Eheleute Joseph und Maria Anna Theuer traf das Schicksal besonders hart: Sie verloren alle ihre vier Kinder. Auf dass diese bei Gott für die Lebenden Fürbitte leisteten, stiftete das Paar dieses Votivbild zu Ehren der Muttergottes. Bis tief ins 19. Jahrhundert war die Kindersterblichkeit in den meisten Regionen Europas sehr hoch. Etwa die Hälfte der Neugeborenen starb im ersten Lebensjahr, von den Überlebenden erreichte durchschnittlich nur jedes zweite Kind seinen zehnten Geburtstag. Die Todesursachen waren vor allem Krankheiten, auch infolge mangelnder Hygiene, und Unfälle.

Kind sein heißt:

Diefe chriftlichen Eheleute Joseph und Maria Anna Heuer,
nachdem fie ihre 4 Kinder durch den göttlichen Rathfchlufse
eines nach dem andern verloren hatten, opferten im Jahre 1850
zu Ehren der fchmerzhafte u. Mutter Gottes Maria diefes Bild,
damit die Kinder auch Fürbitter feien bei Gott für uns.

Heute käme niemand auf die Idee, nach dem wirtschaftlichen Nutzen eines Kindes für die Familie zu fragen. Kinder sind keine Arbeitskräfte mehr, keine Altersvorsorge für ihre Eltern. Sie lassen sich zumeist auch nicht mehr strategisch verheiraten, und ihre Erziehung kostet viel Zeit und Geld. In der Regel stellt ein Kind heute keine Investition mehr dar, die sich irgendwann für die Familie „rechnen" wird. Das Kind ist wertvoll, einfach weil es ein Kind ist. Der emotionale Wert hat den wirtschaftlichen ersetzt, und die Bringschuld der Eltern übersteigt jene der Kinder deutlich. Diese Ansicht hat sich, obwohl in der Gesellschaft so stark verinnerlicht, erst ab dem frühen 20. Jahrhundert durchgesetzt. Die Gründe dafür sind vielschichtig, haben aber ohne Zweifel mit einem drastischen Rückgang der Kindersterblichkeit seit dem späten 19. Jahrhundert zu tun → **S. 163**, mit einer höheren Wertschätzung von Kindern und der Kindheit, aber auch damit, dass Familien nicht mehr auf die Arbeitskraft der eigenen Kinder angewiesen waren.

●● 163

Im 20. Jahrhundert erreichte auch die staatliche Verantwortung für Kinder eine neue Dimension, nachdem die Kindererziehung jahrhundertelang eine reine Familienangelegenheit gewesen war. Der Staat kümmerte sich anfangs nur darum, Waisenkinder von der Straße zu bekommen, zunächst im Interesse der öffentlichen Ordnung, später auch, um sie zu brauchbaren Untertanen auszubilden. Mit der schrittweisen Durchsetzung der Schulpflicht griff der Staat dann erstmals direkt in die Verfügungsgewalt der Familie über ihre Kinder ein. Ab etwa 1850 wurde auch Kinderarbeit, die zunehmend unter unzumutbaren Bedingungen stattfand, schrittweise eingeschränkt und schlussendlich verboten. Über die zivile Gesetzgebung konnte die öffentliche Hand außerdem direkten Einfluss auf die Familien und damit auch auf die Kinder nehmen. Im frühen 20. Jahrhundert entstand mit der staatlichen Kinder- und Jugendfürsorge ein erstes Instrument, Missstände in der Kindererziehung aufzudecken und zu sanktionieren. In den 1970er- und 1980er-Jahren folgten weitreichende Gesetze, mit denen Gewaltanwendung in der Erziehung unter Strafe gestellt wurde. Das Kindeswohl und die Verpflichtung der Eltern, ebendieses zu gewährleisten, war damit zur Staatssache erklärt worden.

Amme mit Kind
böotisch, Tanagra, um
300 v. Chr.
Ton mit Resten weißen
Überzugs und roten
Farbspuren, H 13 cm
Wien, Kunsthistorisches
Museum Wien,
Antikensammlung,
Inv.-Nr. V 1400

Diese frühhellenistische Statuette einer älteren Frau mit Säugling im Arm dürfte eine Amme zeigen. Das Ammenwesen hat eine lange Tradition in der europäischen Geschichte. In den meisten Epochen gehörte es zum guten Ton, eine Amme zu beschäftigen, wenn man das konnte. Diese lebte entweder im gemeinsamen Haushalt oder man gab das Kind für die ersten Lebensjahre ab. Untersuchungen zum 18. Jahrhundert zeigen, dass die Säuglingssterblichkeit bei Ammenkindern oft dramatisch höher war. Das Ammenwesen geriet immer stärker in Kritik, hielt sich aber in höheren Gesellschaftskreisen noch bis ins 20. Jahrhundert.

Bedingungslos geliebt zu werden, oder?

David:

Als Kind denkt man noch: „Es ist egal, ob ich eine Familie habe oder nicht." Aber dann als Erwachsener, dann weiß man, dass die Familie eh wichtig ist.

David (8)

Ferdinand (8), Josefine (11) und Isabel (11)

„Die Familie ist das Wichtigste!"

Was kommt dir beim Wort „Familie" als Erstes in den Sinn?

LUKAS S.: Freundheit, Familienheit, Spaß und so.

ISABEL: Liebe.

JOSEFINE: Geborgenheit.

FERDINAND: Spielen.

LUKAS S.: Ja, weil ohne Familie hat man doch niemanden zum Spielen.

DAVID: Die helfen dir. Mit der Familie ist man glücklich.

JONATHAN: Das ist das Wichtigste.

Wen brauchen Kinder, um glücklich zu sein?

DAVID: Eltern, die ihnen Essen geben ...

LUKAS S.: ... und für sie kochen.

JONATHAN: Bei den Indianern sind Tiere das Allerwichtigste ...

FLORA: ... weil sie ernähren sich von ihnen.

JONATHAN: Eltern und Freunde.

FLORA: Eltern, Oma und Opa. Von meiner Freundin ist zum Beispiel die Mama gestorben und der Papa kann sich nicht mehr so viel um sie kümmern. Deshalb ist sie oft bei Oma und Opa. Ich meine damit, dass Opa und Oma, wenn die Eltern sterben, auch für die Kinder da sind.

Von wem fühlst du dich gut umsorgt?

JOSEFINE: Von meinen Eltern und Großeltern.

FERDINAND: Ja!

JOSEFINE: ... und von den Eltern mancher Freundinnen auch.

ISABEL: Von meinem Papa. Als er einmal krank war, hab umgekehrt ich für ihn gesorgt – und mich dabei als fürsorgliche „Mutter" gefühlt.

Was kommt dir beim Wort „Freunde" als Erstes in den Sinn?

JOSEFINE: Zusammenhalten.

FERDINAND: Frech sein.

ISABEL: Spitzname.

Mit wem gehst du durch dick und dünn?

JOSEFINE: Mit meinen Freundinnen, meinen Eltern und meinem Bruder.

ISABEL: Mit meinen Freunden und meinen Eltern.

Was ist für dich eine gute Kindheit?

ISABEL: Alles! Alles kann eine gute Kindheit sein.

JOSEFINE: Ja, aber erst, wenn mal die wichtigsten Dinge erfüllt sind: Essen, Trinken, ein Dach überm Kopf, nette Eltern, viel spielen, viel frei sein.

DAVID: Dass man viel Spaß und viele Freunde hat.

LUKAS S.: Dass man Erwachsene hat ... und auch, dass man Tiere hat und Pflanzen und Bäume, weil sonst hat man keine Luft. Und der Gott ist auch wichtig.

Lukas S. (5)

Bedingungslos geliebt zu werden, oder?

Und der Gott ist auch wichtig.

Lukas S.

Flora (8)

Jonathan (6)

Als mein Vater krank war, hab ich für ihn gesorgt – und mich dabei als fürsorgliche „Mutter" gefühlt.

Isabel

Kind sein heißt:

Flora:

Ich helf' immer dem Papa beim Früh-stückaufdecken. Jonathans Aufgabe ist es, dass er langsam lernen muss, sich die Zähne zu putzen.

Jonathan:

Wieso? Das kann ich schon, aber Mama und Papa wollen immer nachputzen.

Was ein Kind braucht, damit es ihm gut geht

Essen und Trinken	● ● ●
Eltern	● ●
Spaß	● ●
Dach über dem Kopf	●
Erwachsene	●
Fernsehen	●
Freiheit	●
Freunde	●
Hausübung	●
Spielen	●
Verwandte	●

Bedingungslos geliebt zu werden, oder?

Kinder unter 15 Jahren in Familien

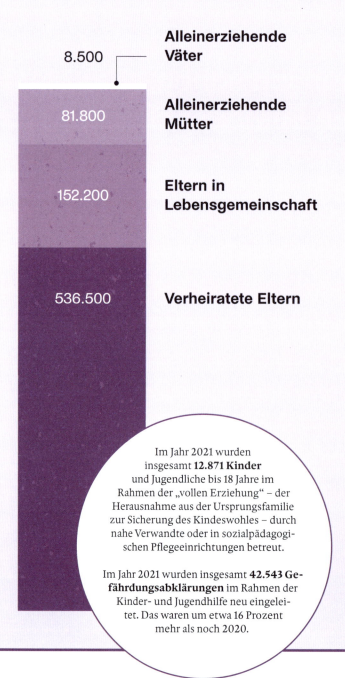

8.500 — Alleinerziehende Väter

81.800 — Alleinerziehende Mütter

152.200 — Eltern in Lebensgemeinschaft

536.500 — Verheiratete Eltern

Im Jahr 2021 wurden insgesamt **12.871 Kinder** und Jugendliche bis 18 Jahre im Rahmen der „vollen Erziehung" – der Herausnahme aus der Ursprungsfamilie zur Sicherung des Kindeswohles – durch nahe Verwandte oder in sozialpädagogischen Pflegeeinrichtungen betreut.

Im Jahr 2021 wurden insgesamt **42.543 Gefährdungsabklärungen** im Rahmen der Kinder- und Jugendhilfe neu eingeleitet. Das waren um etwa 16 Prozent mehr als noch 2020.

Wie traditionell ist unser Familienbild?

83 Prozent der berufstätigen Mütter von null- bis sechsjährigen Kindern arbeiten Teilzeit. **88,2 Prozent** von ihnen tun dies freiwillig, weil sie die Betreuung selbst übernehmen möchten.

94 Prozent der Kinder über drei Jahren sind in institutioneller Betreuung. Bei den Null- bis Zweijährigen sind es hingegen nur **29 Prozent**.

54 Prozent glauben, dass gleichgeschlechtliche Paare genauso gute Eltern sein können wie heterosexuelle Paare, **27 Prozent** tun das nicht, und **19 Prozent** sind unentschlossen.

Nur **1 Prozent** der Väter unterbricht seinen Beruf für eine Karenz länger als sechs Monate.

Quellen:
www.arbeiterkammer.at/interessenvertretung/arbeitundsoziales/familie/Vaeterkarenz.html
www.werteforschung.at/projekte/werte-zoom/werte-zoom-7-gleichgeschlechtliche-elternschaft/
www.oif.ac.at/fileadmin/user_upload/p_oif/FiZ/FiZ_2022.pdf

Kind sein heißt:

Was heißt schon Familie?

Was schweißt uns eigentlich als Familie zusammen? Ist Blutsverwandtschaft ein Faktor? Oft sind es doch die täglichen Routinen und die besonderen gemeinsamen Erlebnisse, die uns als Gruppe festigen. Jede Familie hat ihre eigenen Traditionen. Tischgebet, das Lieblingsessen zum Ferienbeginn oder ein ganzer Tag im Pyjama.

Meine Lieblingsrituale:

Die Vertragsstaaten bemühen sich nach besten Kräften, die Anerkennung des Grundsatzes sicherzustellen, dass **beide Elternteile gemeinsam** für die Erziehung und Entwicklung des Kindes verantwortlich sind. [...] Dabei ist das **Wohl des Kindes** ihr Grundanliegen. Zur Gewährleistung und Förderung der in diesem Übereinkommen festgelegten Rechte unterstützen die Vertragsstaaten die Eltern und den Vormund in angemessener Weise bei der Erfüllung ihrer Aufgabe, das Kind zu erziehen, und sorgen für den **Ausbau von Institutionen, Einrichtungen und Diensten** für die Betreuung von Kindern.

Art. 18.1–3 der UN-Kinderrechtskonvention (gekürzt)

Bedingungslos geliebt zu werden, oder?

Kind sein heißt:
Behütet zu werden.
Oft mehr, als man
möchte.

Modell einer Zwieselrutsche („Salamander") → S. 184

Solang die Knie nicht bluten, denken wir nicht an sie

Wir müssen ja spielen.
Spielen ist Risiko.
Spielen ist Spaß.
Spielen ist Alles-neu-Machen.
Spielen ist Routine.
Spielen ist Geschwindigkeit.
Spielen ist holprig.
Spielen ist Gestalt.
Etwas steht. Steht im Raum und zur Ver-
    fügung. Ungemütlich und einladend.
    Schau mal! Da steht was. Raufklet-
    tern, runterrutschen, wird schon gut
    gehen. Wird schon schiefgehen. Ist
    schon wieder vorbei. Solang die Knie
    nicht bluten, denken wir nicht an sie.

Weißt du, Zeit fliegt immer so.
Alles kriegst du nicht unter deinen Hut.
Schon wieder nicht Blockflöte geübt.
Schon wieder nicht Vokabeln gelernt.
Schon wieder nicht das Zimmer aufge-
    räumt.
Schon wieder nicht auf Knopfdruck ge-
    strahlt.
Schon wieder nicht lächelnd dem Onkel
    die Wange zum Busserl hingehalten.
Schon wieder in irgendwas versunken.
Das Essen am Tisch ist warm. Bis du
    kommst, ist es kalt. Die Stimmung
    am Tisch dann frostig.

Wir müssen ja spielen.
Spielen im Dunstkreis von anderen Men-
    schen.
Spielen im Maßnahmenraum des Zusam-
    menlebens.
Spiel findet statt.
    Ist zu laut, zu wild, zu ungestüm. Ist
    nicht, wie sich die Zuständigen das
    vorgestellt haben. Passt nicht in die
    vorgesehenen Freizeit-Zeiteinheiten.

Behütet zu werden. Oft mehr, als man möchte.

Passt nicht in den Lehrplan. Passt nicht in die Stadt. Passt nicht ins Dorf. Passt den Nachbarn nicht. Passt dir nicht. Passt nicht auf den kahlrasierten Rasen. Lässt sich nur schwer lenken. Lässt sich *obviously* sehr wohl lenken, wenn man hinschaut, Interesse zeigt und mitspielt. Lässt sich nicht programmieren. Lässt sich *of course* programmieren, weil sich, wie wir inzwischen wissen, in einer programmierten Welt alles programmieren lässt, wenn auch nicht ohne Bugs.

Achtung, Absturzgefahr.

Achtung, kein Undo-Button.

Attention, World, hier *in real life* gibt's keine Extraleben zu kaufen.

Wenn Knie bluten, fließt Blut.

Doch solang die Knie nicht bluten, denken wir nicht an sie.

Hello, World.

Wie bist du denn?

Wer bin ich denn?

Wo ist hier?

2

Wir müssen ja spielen.

Bloß nicht den Wildwuchs zu früh codieren! Wachsen wir vorerst in alle Richtungen. Spezialisieren wir uns nicht zu früh. Wachsen wir wild in den Tag rein. Wachsen wir in der Nacht einfach weiter. Vertagen wir das Kahlrasieren von Rasenflächen. Vertagen wir das Geraderücken.

Lassen wir den Gedanken an den korrekten Ablauf los.

Hier ist ein Baukasten, setzen wir ihn neu zusammen.

Legen wir das Werkzeug weg.

Nehmen wir etwas in die Hand, huch, ein Werkzeug.

Nehmen wir uns selbst das Handy aus der Hand.

Nehmen wir das Handy in die Hand, aber nicht so wie vorgesehen.

Ein Beispiel.

Hier liegt ein Handy.

Das Handy liegt gut in der Hand.

Das Handy liegt oft in der Hand.

Nehmen wir das Handy selbst in die Hand.

Nehmen wir das Handy anders in die Hand.

Nehmen wir das Handy und ein Buch, zum Beispiel.

Legen wir das Handy schief auf das Buch, zum Beispiel.

Schau: Da ist sie. Da steht sie. Das ist ein Modell. Das ist eine Rutsche.

3

Hier ist schon früher eine Rutsche gestanden.

Die hat aber anders ausgeschaut.

Modelle und Fotos sind erhalten.

Und Erinnerungen.

Hier war schon vor uns Welt.

Hier wurde schon vor uns gerutscht.

Hier wurde schon vor uns gespielt.

Hier ist jemand gestanden, hat den Kopf schiefgelegt und überlegt.

Hm, hier ist Raum.

Was fehlt?

Hm. Eine Rutsche.

Hm, Gestalt, hm, Farbe, hm, genug jetzt mit Grau in Grau.

Dieser Jemand, der genug hatte von Grau in Grau, wurde in eine Welt gesetzt, die schon da war, bevor er sie betreten hat.

Kind sein heißt:

Die kaputt gemacht wurde.
Zerbombt.
Zerdiktaturt.
Zerstört.
Alles in Asche, mit Absicht.
Alles kaputt, mit Absicht.
Alles in Grau, mit Absicht.
Das hat wer gemacht.
Die es gemacht haben, sind noch da.
Die es gemacht haben, haben Spuren
hinterlassen.
Schnell die Schuld unter den Teppich keh-
ren, schnell das Blut versickern lassen
und dann weitermachen wie bisher?
Auf keinen Fall.
Nie wieder!
Alles neu denken!
Alles neu lernen!
Alles mit neuer Gestalt, zumindest dort,
wo der eigene Spielraum ausreicht.
Zumindest dort, wo wir Definitions-
macht haben.
Zumindest dort, wo wir mitbestimmen
können, was eine Rutsche ist und wie
sie aussieht.
Angst vor Blut? Ja.
Angst vor aufgeschlagenen Knien? Nein.
Angst vor Gleichschritt? Ja.
Angst vor Gedichten? Nein.
Angst vor Fliegeralarm? Ja.
Angst vor Abstraktion? Nein.
Alles ein Lesen von Spuren im Raum.
Alles ein Sehen von Möglichkeiten.
Was steht hier?
Was könnte hier stehen?
Hallo, Welt!
Wie bist du?
Wer hat dich wie gemacht?

Hier hat jemand eine Rutsche hingestellt.
Hier hat jemand einen Salamander ab-
strahiert.
Hier hat jemand ein bisschen Beton mit
ein bisschen Bunt mit ein bisschen
Mut kombiniert.
Hier hat jemand eine kleine Welt gebaut,
eine Attraktion, ein Dings mit Form
und Mosaik und Aufstiegs- und Ab-
rutschmöglichkeiten.
Hier steht etwas, das war mal eine Rut-
sche.
Hier steht etwas, das ist immer noch
Kunst.
Hier hat jemand keinen Widerspruch ge-
sehen zwischen Kunst und Alltag.
Hier hat jemand darüber nachgedacht,
was Spiel ist.
Hier hat jemand überlegt, was Gestalt ist.
Hier hat jemand überlegt, was Raum ist
und wie wir uns in ihm verhalten.
Hui!
Huch!
Hey!

4

Hier steht eine Rutsche, aber es rutscht
niemand.
Hier steht eine Rutsche, die nicht be-
rutscht werden darf, denn aktuell ist
die Sache wie folgt:
Hosen sind aus Stoff, der leicht reißt, und
dann ist die Hose kaputt, hier wird
nichts mehr geflickt, hier wird nichts
mehr repariert, hier ist dann ein Neu-
kauf nötig, der Stoff der neugekauf-
ten Hose ist manchmal mit Absicht
zerfetzt, aber das ist dann etwas
anderes, verstehen Sie?
Knie müssen geschont werden, wie früher Sofabezüge, verstehen Sie?

175

Hier wird zur Kenntnis genommen, dass sich verändert hat, was ein Sofa ist.

Hier wird zur Kenntnis genommen, dass sich verändert hat, was ein Knie ist.

Hier wird zur Kenntnis genommen, dass sich verändert hat, was bunt ist.

Hier wird zur Kenntnis genommen, dass sich verändert hat, was Gestalt ist.

Hier wird zur Kenntnis genommen, dass sich verändert hat, was eine Rutsche ist.

Neugier ist die bessere Nostalgie.

Hier wird mit Neugier die Gegenwart betrachtet und an die Zukunft gedacht.

Hier wird mit Neugier in die Vergangenheit geschaut.

Hier wird besorgt Richtung Ernstfall geschielt, was vielleicht gut ist, vielleicht nicht.

Hier will niemand etwas beschönigen.

Spiel ist gefährlich.

Geschwindigkeit ist gefährlich.

Freier Fall ist gefährlich.

Das Internet ist gefährlich.

Das Spiel mit scharfen Messern ist gefährlich.

Das Spiel in der Nähe von Straßen ist gefährlich.

Das Spiel mit aus der Luft gegriffenen Werten ist gefährlich.

Das Spiel mit Vorurteilen ist gefährlich.

Das Spiel mit der Angst ist gefährlich.

Das Spiel mit der Schwerkraft ist gefährlich.

Das Spiel mit dem Feuer ist gefährlich.

Das Spiel ist nicht unschuldig, nein, niemals.

Das Spiel ist kein Idyll.

Spielen ist Ernstfall, da kannst du *not your Ernst* sagen, so viel du willst.

Spiel ist Raum.

Spiel ist Antwort auf Fragen, die wir nicht gestellt haben.

Spiel ist Explosion.

Spiel ist Feuerwerk.

Spiel ist Gestalt.

Spielen ist anti Grau.

Spielen ist anti Stillstand.

Spielen ist *auffe muass i*.

Spielen ist *owe, so schnö's ged*.

Spielen ist Eintauchen, Abtauchen, Versinken wie Apnoe-Taucher*innen auf der Jagd nach dem nächsten Zentimeter tiefer.

Spielen ist: Wie geht denn das?

Spielen ist: Das geht so nicht?

Spielen ist Nachfragen: Wer sagt, das geht so nicht?

Spielen ist: Schau her, wie gut das geht!

Spielen ist: Schau, Mama, ohne Hände!

Spiel kann ganz schön aus dem Ruder laufen.

Solang die Knie nicht bluten, denken wir nicht an sie.

Mieze Medusa steht als Rapperin und Spoken-Word-Performerin seit 2002 auf internationalen Bühnen. Ihren MC-Namen hat sie in die Prosa mitgenommen, die sie seit 2008 veröffentlicht. Zuletzt: „Was über Frauen geredet wird" (2022). www.miezemedusa.com

Kind sein heißt:

Behütet zu werden. Oft mehr, als man möchte.

Kind sein heißt:

Dominik Heher

KIND SEIN HEISST:
BEHÜTET ZU WERDEN. OFT MEHR, ALS MAN MÖCHTE.

Das Leben als Kind ist nicht ungefährlich. Viele Risiken können wir noch nicht ausreichend abschätzen, die Absichten anderer Menschen nicht so leicht durchschauen, und schlussendlich sind auch unsere Körper noch relativ schwach und zerbrechlich.

Seit dem 19. Jahrhundert heftet sich die Gesellschaft den Schutz von Kindern an die Fahnen. Zu ihrer Sicherheit begann man sie zunächst von Orten fernzuhalten, die man für Kinder als ungeeignet einstufte, etwa von Wirtshäusern oder Theatern, später dann auch von Produktionsstätten wie Fabriken. Die Welt der Erwachsenen separierte sich zusehends von jener der Kinder, die an Sicherheit gewannen, doch an Bewegungsfreiheit und Autonomie verloren.

Getrennte Räume

Für diese Herausbildung gesonderter Welten lassen sich mehrere Gründe ausmachen: So hatte sich die Idee durchgesetzt, dass Kinder besonders schützenswert seien. Zudem begann man, die unterschiedlichen Bedürfnisse von Kindern nicht nur wahrzunehmen, sondern auch zu respektieren. So kam es, dass, ausgehend vom bürgerlichen Milieu, immer mehr Orte als unpassend für Kinder erachtet wurden, darunter auch gemeinsame Wohnräume. Das wirkte sich anfangs nur auf die Kinder der Bürgerfamilien aus, während jene aus Arbeiterfamilien, oft in beengten Wohnsituationen lebend und selbst für Lohn arbeitend, sich noch weit länger in der Welt der Erwachsenen bewegten. Auf lange Sicht aber setzte sich der neue Blick aufs Kind durch, und so kann man für das 20. Jahrhundert von einer „Verhäuslichung" der Kindheit sprechen. Sie erstreckte sich auf alle Gesellschaftsschichten und schränkte den Bewegungsradius von Kindern zeitlich und örtlich massiv ein.

Auf dem Spielplatz

Beispielhaft für eine kindliche Parallelwelt steht der Spielplatz. Über Jahrtausende hatte sich nicht die Frage nach einem eigens designten Raum gestellt, der Kindern zum Spielen dienen sollte. Die Idee des Spielplatzes, wenngleich eher als Ort gezielter körperlicher Ertüchtigung, findet sich zwar schon in den Schriften des Arztes und Gesundheitserziehers Bernhard Christoph Faust aus

Kinderarmlehnsessel
München oder Wien, um 1830
Buchenholz, geschnitzt,
vergoldet, Polsterung mit
Textilbezug,
68 × 44 × 40 cm
Wien, MAK – Museum für
angewandte Kunst, Wien,
Inv.-Nr. H 924

Bis ins 19. Jahrhundert gab es im Grunde keine eigens für Kinder konstruierte Möbel – abgesehen von Hochstühlen, die das Füttern erleichterten. Erst mit der Erfindung des Kinderzimmers stellte sich langsam die Frage nach einer angemessenen Möblierung. Der Kundenkreis beschränkte sich anfangs freilich auf reiche Bürgerfamilien. Speziell kindgerechtes Design war noch kein Thema. Bis ins 20. Jahrhundert handelte es sich bei Kindermöbeln im Grunde um Erwachsenenmöbel in Miniatur. Das gilt auch für diesen aufwendigen Kinderarmlehnsessel im Empire-Stil.

179

Behütet zu werden. Oft mehr, als man möchte.

dem frühen 19. Jahrhundert, doch gab es damals noch wenig Anlass, solche Anlagen konkret umzusetzen. Kinder konnten ihren Bewegungsdrang ohnehin fast überall ausleben: Im Dorf standen Flächen ohne Ende zur Verfügung, in der Stadt teilte man sich den öffentlichen Raum mit den Erwachsenen. Bis ins 20. Jahrhundert waren dort auch die Straßen von spielenden Kindern bevölkert – bis das steigende Verkehrsaufkommen ab den 1950er-Jahren dieser Freiheit ein Ende setzte. Der Mobilitätsbedarf der Erwachsenen fraß die öffentlichen Flächen geradezu auf. Um die Kinder von den Straßen zu bekommen, schuf man kleine Reservate, Spielplätze, die wiederum eindeutig und exklusiv Kindern vorbehalten waren.

Wie der optimale Spielplatz auszusehen habe, ist eine vieldiskutierte Frage, in der künstlerische, pädagogische, sporttheoretische und nicht zuletzt rechtliche Standpunkte ins Treffen geführt werden. Schon ab den 1950er-Jahren boten Spielplätze auch Künstlerinnen und Künstlern eine willkommene Möglichkeit, ihre Visionen ästhetischer Spiellandschaften umzusetzen →**S. 184**. In den 1960ern wiederum führte der Wunsch nach größerer Naturnähe zur Entstehung erster Abenteuer-Spielplätze. Im Lauf der Zeit wurden die Anlagen stärker normiert, vor allem, um die Verletzungsgefahr zu minimieren. Die Freiheit – sowohl der Abenteuerlust als auch der künstlerischen Gestaltung – endet mittlerweile dort, wo die Sicherheitsbestimmungen zu greifen beginnen.

Wie auch immer sie gestaltet sind, eines ist sicher: Spielplätze sind in relativ kurzer Zeit zu einem fixen Bestandteil des Ortsbildes geworden, nicht nur in Städten, sondern auch in ländlichen Gebieten. Längst haben sich Kinder daran gewöhnt, nur an jenen Orten zu spielen, die eigens dafür vorgesehen sind.

◉◉ 184

Im Kinderzimmer

Auch innerhalb des Hauses sind wir heute an eine Abgrenzung der Sphäre der Kinder von jener der Erwachsenen gewöhnt. Ein eigener Wohnraum für Kinder war lange Zeit undenkbar. Die meisten Häuser verfügten über „Allzweckräume", die zum Wohnen, Schlafen, Arbeiten und Essen dienten. Erst im 18. Jahrhundert wurden erste Kinderstuben eingerichtet, in denen man die jüngeren Kinder betreute und unterrichtete. Platz dafür gab es freilich nur in den Häusern der reichen Bürgerfamilien.

Um 1800 begann man, Räume nach Funktionen zu teilen und zumindest Empfangsräume und Privatzimmer zu trennen. In ebendieser Zeit wurde es auch zunehmend als unpassend empfunden, dass Erwachsene und Kinder die Schlafräume teilten. So entstanden bald die ersten Kinderzimmer im heutigen Sinn, eingerichtet mit kindgemäßen Möbeln und Gegenständen, für die sich nun ein immer größerer Markt entwickelte →**S. 178, 181**. Kinderzimmer blieben aber lange eine Sache der Elite. Erst in den 1950er-Jahren erlaubte es der Wohlstand in der Gesellschaft, dass sich die Idee in den meisten Wohnungen umsetzen ließ. Wie viel Platz den Kindern zugestanden wurde, hing natürlich von den Wohnverhältnissen ab. Das Stockbett jedenfalls fand weite Verbreitung.

Was Größe und Ausstattung betrifft, kennt man bis heute in Österreich keine verbindlichen Normen, lediglich eine Empfehlung von mindestens zehn Quadratmetern Größe bei Belegung des Kinderzimmers durch ein Kind.

◉◉ 178

Kind sein heißt:

Zocker
Entwurf: Luigi Colani, 1972
Polyäthylen, 50 × 52 × 32 cm
München, Gisela Neuwald,
München, Inv.-Nr. 20

Im 20. Jahrhundert kamen die ersten Möbel mit kindgerechtem Design auf. Der „Zocker" des deutschen Designers Luigi Colani orientiert sich in ergonomischer Hinsicht am kindlichen Spiel- und Sitzverhalten und ermöglicht eine flexible Nutzung als Sitzobjekt mit Rückenlehne oder mit Pult. Als erstes Kindermöbel wurde der „Zocker" erst sekundär auch in einer Erwachsenen- variante hergestellt. Damit steht er für eine Revolution in der Geschichte der Kindermöbel und spiegelt die geänderte Rücksichtnahme auf kindliche Bedürfnisse um 1970 wider.

Behütet zu werden. Oft mehr, als man möchte.

Bemalte Kinderzimmertür
1971
Holz, lackiert, 180 × 90 cm
Klam, Burgmuseum Clam

Die Tür zum Kinderzimmer verheißt Privatsphäre, macht selbiges idealerweise zum geschützten Rückzugsort. Mit beginnender Abnabelung von den Eltern betonen Kinder diese symbolische und physische Schwellenfunktion gern durch das Anbringen von abwehrenden Aufschriften und „Schutzsymbolen".

Kind sein heißt:

Sprechende Puppe „My Friend Cayla"
2016
45 × 21 × 13 cm
Wien, Technisches Museum
Wien, Inv.-Nr. 100076

Die Entwicklungen auf dem Gebiet künstlicher Intelligenz und die Vernetzung mit dem Internet sind auch in der Spielzeugindustrie zu einem großen Thema geworden. Manche solcher Spielzeuge erweisen sich jedoch als problematische "Spione" im Kinderzimmer. Die Puppe „My Friend Cayla" etwa, 2014 auf den Markt gekommen, verbreitete Schleichwerbung und wies gravierende Sicherheitslücken auf. In Deutschland wurde sie 2017 als „verbotene Sendeeinheit" klassifiziert und mit einem Verkaufsbann belegt. Bereits verkaufte Puppen sollten zerstört werden.

Behütet zu werden. Oft mehr, als man möchte.

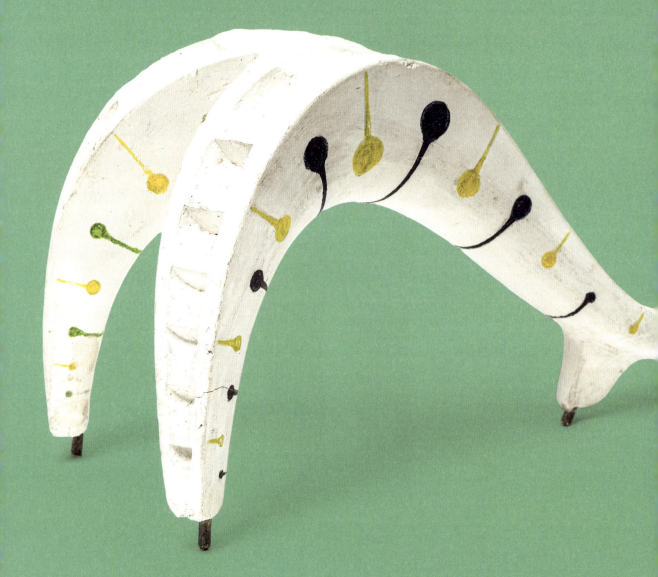

Kind sein heißt:

Wie eng der Wohnraum bisweilen werden kann, hat sich in den pandemiebedingten Lockdowns der vergangenen Jahre gezeigt. Die Universität Wien stellte 2020 fest, dass jedes fünfte Kind unter 14 Jahren von beengten Wohnverhältnissen betroffen ist, also durchschnittlich weniger als 17,5 Quadratmeter Anteil an der gesamten Wohnfläche hat (Küche, Bad und Wohnzimmer inklusive).

Auch wenn Privatsphäre mitunter schwer umsetzbar ist: Jedes Kind ist ein Mensch und hat als solcher das gesetzlich verankerte Recht darauf. Nun ist es mit den Persönlichkeitsrechten Minderjähriger nicht ganz so einfach, weil Erziehungsberechtigte schlussendlich auch ihrer Aufsichts- und Sorgepflicht nachkommen müssen. Zwar ist es verboten, das Privatrecht zu verletzen – etwa durch das Lesen eines Tagebuchs, das Durchwühlen von digitalen Daten oder Schubladen –, doch wenn begründeter Anlass zur Sorge um das Wohl des Kindes besteht, kann es hier Ausnahmen geben. Ein generelles Betretungsverbot des Zimmers für Eltern würde vom Kind daher nur schwer zu erwirken sein → **S. 182**.

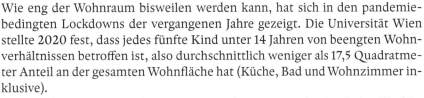

◉◉ 182

Im Netz

Heute verbringen Kinder einen beträchtlichen Teil ihrer Zeit im virtuellen Raum. Sie sind Digital Natives, wurden bereits in die global vernetzte digitale Welt hineingeboren. Der Zugang dazu ermöglicht Kindern nun wieder, relativ unkontrolliert in Räumen herumzustreunen, die Erwachsene als nicht kindgerecht einstufen würden. Das Internet macht eine immense Flut von ungefilterten Informationen zugänglich. Sicher, es gibt Überwachungs-Apps und die Möglichkeit, vor allem pornografische und gewalttätige Inhalte zu sperren, doch selbst harmlos scheinende Social-Media-Plattformen, die sich auch bei Kindern großer Beliebtheit erfreuen, wurden nicht für sie eingerichtet und dürften genau genommen nicht ohne Einverständnis der Erziehungsberechtigten genutzt werden. Das ist auch sinnvoll: Nicht selten werden digitale Anwendungen dazu genutzt, eine Bresche in die schützenden Mauern des Kinderzimmers zu schlagen und Kinder aus kommerziellen oder gar pädophilen Interessen dazu zu verleiten, freiwillig private Informationen zu teilen → **S. 183**. Die alten Diskussionen über kindgerechte Räume sind mittlerweile also neu zu führen. Wieder wird es gelten, zwischen nötigem Schutz und zulässiger Freiheit abzuwägen. Und wieder wird die Entscheidung darüber wohl bei den Erwachsenen liegen.

◉◉ 183

Modell einer Zwieselrutsche („Salamander")
Josef Schagerl jun.
(1923–2022)
Gips, 16,9 × 31 × 13 cm
St. Pölten,
Landessammlungen
Niederösterreich,
Inv.-Nr. KS-20010

Der Bildhauer Josef Schagerl jun. zählt zu den Pionieren der künstlerisch wertvollen Gestaltung öffentlicher Spielplätze in Österreich. Seine progressiv anmutenden Kletter- und Rutschskulpturen verschönerten so manche Anlage im tristen Wiener Stadtbild der 1950er-Jahre. Die meisten Spielplastiken dieser Zeit wurden im Lauf der Zeit abgetragen. Der „Salamander", entworfen für einen Spielplatz in der Hütteldorfer Straße, steht heute im 19. Bezirk, allerdings nur noch als Kunstwerk ohne Funktion. Als Spielgerät gilt die Rutsche als zu gefährlich.

Behütet zu werden. Oft mehr, als man möchte.

Josefine:

Bei manchen Sachen find ich gut, dass ich nicht so viele Freiheiten hab, zum Beispiel beim Internet. Da sind meine Eltern eher streng, und das finde ich auch ganz gut.

Isabel:

... und beim Lernen für die Schule.

Josefine:

Ja, das ist auch gut, sonst würde ich wahrscheinlich gar nicht lernen.

Ferdinand (8), Josefine (11) und Isabel (11)

Freiheit heißt für mich: nicht an irgendwelche Regeln zu denken.

Ferdinand

Alle Interviews zum Nachschauen:

Kind sein heißt:

„Wenn ich tun kann, was ich will, fühl ich mich frei"

Was bedeutet Freiheit für dich?

ISABEL: Keine Schule.

JOSEFINE: Einfach mal herumzuspringen und das Leben zu genießen.

FERDINAND: Nicht an irgendwelche Regeln zu denken.

ISABEL: Nicht dran zu denken, dass einem etwas peinlich sein muss oder dass einen manche für etwas, was du machst, auslachen.

JOSEFINE: Seine Meinung sagen zu dürfen ... oder Dinge einfach zu sagen, ohne das Gefühl zu haben, etwas Komisches zu sagen.

Was würdest du sagen: Hast du viele oder wenige Freiheiten?

FERDINAND: Viele.

ISABEL: Viele.

JOSEFINE: Voll viele.

Und welche sind das?

JOSEFINE: Wir haben ziemlich viele Gelegenheiten, draußen zu sein, und das ist für mich eine Art von Freiheit. Oder einfach mal mit Freunden herumzustreunen.

ISABEL: Wir wohnen nahe an Wäldern. Wenn ich dort spazieren gehe und meine Eltern gerade nicht dabei sind, fühle ich mich frei ... ohne Eltern und ohne große Schwester. Die ist immer so streng, fast wie eine Mutter.

JOSEFINE: Wenn ich mal tun und lassen kann, was ich will – einfach rumrennen oder mit Freundinnen in die Stadt fahren und da irgendwas machen –, dann fühl ich mich frei.

FERDINAND: Ich auch.

Denkst du, gibt es da einen Unterschied zum Erwachsensein?

JOSEFINE: Als Kind kann man noch mehr das tun, was man wirklich will, und als Erwachsener hat man dann mehr Freiheiten zu bestimmen.

In welchen Situationen bestimmt jemand anderer über dich?

FERDINAND: In der Schule die Lehrerin.

JOSEFINE: Ja, Lehrer und Lehrerinnen, aber auch manche Verwandte.

ISABEL: Je nachdem, wo man gerade ist: Lehrer, Eltern und die Erwachsenen.

Was beherrscht deinen Alltag?

JOSEFINE: Die Hausaufgaben bestimmen den Alltag schon. Wenn ich total viele Hausübungen habe, heißt das, ich habe keinen freien Nachmittag mehr. Und in der Schule sind es die Lehrer, die in der Pause, wenn man grad Spaß hat, reinkommen und sagen: „Leiser bitte!"

ISABEL: Der Stundenplan beherrscht den Tag ziemlich. Wenn ich zum Beispiel draufkomme, dass ich ein Fach hab, das ich nicht so mag, bin ich gleich schlechter aufgelegt.

FERDINAND: Ist bei mir genauso.

JOSEFINE: Es gibt auch Tage, an denen man nicht so gut aufgelegt ist, und dann kommt einem alles irgendwie als Pflicht vor. Man denkt sich: „Ah, jetzt muss ich lernen, ah, jetzt muss ich Cello spielen", obwohl's mir sonst Spaß macht ...

Wenn du an Freizeit denkst, was fällt dir als Erstes ein?

FERDINAND: Spielen, herumtoben.

JOSEFINE: Draußen sein, Freunde, Hobbys, Musikinstrumente spielen oder Sport.

ISABEL: Nicht so viele Sorgen ...

> **Meine große Schwester ist immer so streng, fast wie eine Mutter.**
>
> Isabel

Behütet zu werden. Oft mehr, als man möchte.

Neue Welten – alte Probleme

Es ist ein schmaler Grat zwischen nötigem Schutz und übermäßiger Behütung. Während sich Bewegungen, Informationsquellen und Tätigkeiten der Kinder in der analogen Welt zu einem guten Teil verfolgen lassen, ist der Prozess der Kontrolle mit der Digitalisierung in neue Sphären gestartet. Statistiken und Umfragen belegen meist zwei Dinge: Immer früher gewöhnen sich Kinder an internetfähige Geräte; und zugleich wächst das Bewusstsein über die Gefahren, die in der virtuellen Welt lauern, nur sehr langsam.

Von den aktuell drei- bis zehnjährigen Kindern ...

... haben **76 Prozent** Zugang zum Internet im eigenen Zimmer.

... werden nur etwa **50 Prozent** durch aktive Internet-Filter beim Surfen eingeschränkt.

... machen **14 Prozent** Erfahrungen mit Cyber-Mobbing in sozialen Netzwerken.

... werden **15 Prozent** von ihren Eltern in ihrer Bewegung durch digitale Tracking-Möglichkeiten (etwa GPS-Kinderuhren) kontrolliert. **42 Prozent** der Eltern schließen eine solche Überwachung kategorisch aus.

In der Altersgruppe der null- bis sechsjährigen Kinder ...

... verwenden **72 Prozent** internetfähige Geräte.

... können **38 Prozent** diese Geräte selbst bedienen.

... nutzen **49 Prozent** die Geräte nur im Beisein der Eltern.

... stoßen **17 Prozent** im Internet schon auf ungeeignete Inhalte.

... werden etwa **30 Prozent** von ihren Eltern über die Gefahren im Internet aufgeklärt.

Die Top-10-Freizeitaktivitäten der drei- bis zehnjährigen Kinder

· draußen spielen
· Zeit mit der Familie verbringen
· Freunde treffen
· Fernsehen
· drinnen spielen
· malen, zeichnen, basteln
· mit elektronischen Medien spielen
· lernen, Hausaufgaben machen
· Sport
· mit Tieren beschäftigen

Quellen:
www.edugroup.at/fileadmin/DAM/Innovation/Forschung/Dateien/2022_Kinder_Medien-Studie_web.pdf
www.saferinternet.at/fileadmin/redakteure/Projekt-Seiten/Safer_Internet_Day/Safer_Internet_Day_2020/Safer_Internet_Day_2020_Infografik.pdf
www.edugroup.at/fileadmin/DAM/Innovation/Forschung/Dateien/2022_Kinder_Medien-Studie_web.pdf

Kind sein heißt:

Die Vertragsstaaten achten die **Aufgaben, Rechte und Pflichten der Eltern** oder gegebenenfalls, soweit nach Ortsbrauch vorgesehen, der Mitglieder **der weiteren Familie oder der Gemeinschaft, des Vormunds** oder anderer für das Kind gesetzlich verantwortlicher Personen, das Kind bei der Ausübung der in diesem Übereinkommen anerkannten Rechte **in einer seiner Entwicklung** entsprechenden Weise **angemessen zu leiten** und zu führen.

Art. 5 der UN-Kinderrechtskonvention

Behütet zu werden. Oft mehr, als man möchte.

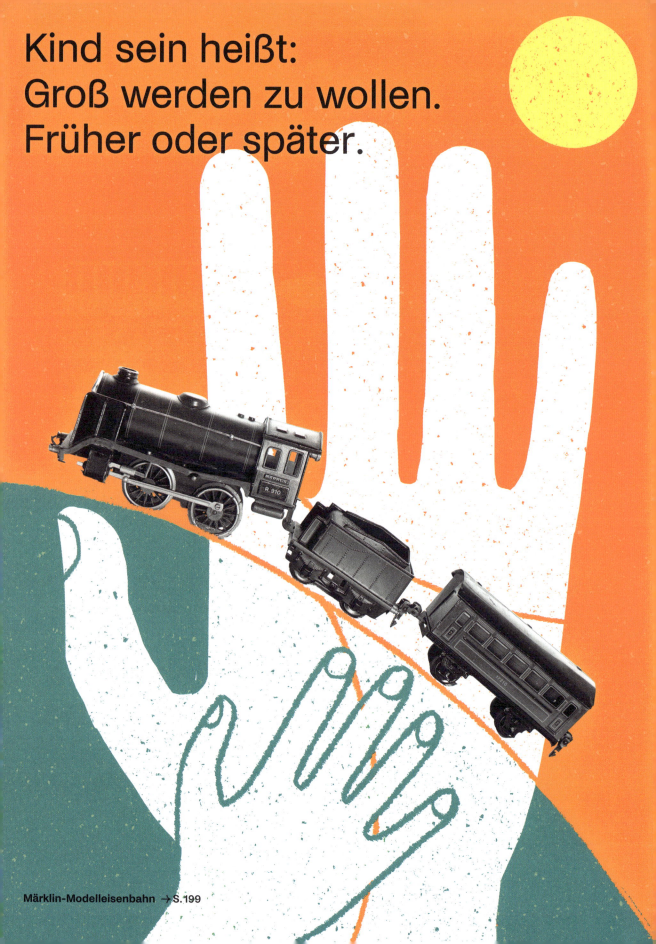

Kind sein heißt:
Groß werden zu wollen.
Früher oder später.

Märklin-Modelleisenbahn → S.199

Ana Marwan

Notizen für Peter - Sommer 2022

Ich bin mit dir für eine Woche ans Meer gefahren. Dorthin, wohin mich auch mein Großvater jedes Jahr mitgenommen hatte. Ich hoffe, es gefällt dir so, wie es mir immer gefallen hat.

Ich habe nicht damit gerechnet, dass es für mich so überwältigend sein würde. Ich habe mich daran gewöhnt gehabt, dass sich alle Ecken aus meiner Kindheit noch stärker als ich verändert haben; sie sind entweder noch mehr als ich modernisiert worden oder aber noch mehr als ich verschwunden. Ich habe mich darüber beklagt, so wie es sich für mein Alter gehört – ich habe ehrlich nicht gewusst, wie schmerzhaft eine verkörperlichte Erinnerung sein kann. Hier, in dieser kleinen Küstenstadt, ist alles gleich genug geblieben, sodass ich mich auch an Dinge erinnere, die ich vergessen hatte. Ich erinnere mich an die Rezeptionistin mit den großen Ohrringen und den großen Lippen, die vollkommen unverändert aussieht und daher eine andere sein muss. Vor der aus meiner Kindheit hatte ich ein wenig Angst, aber ich mochte sie, weil sie mich „junger Mann" nannte, und dadurch kam ich mir reif und älter vor. Die Neue nennt mich nicht „junger Mann" und ich fühle mich älter. Aber ich möchte nicht meine Erinnerungen wecken, es sollen deine sein.

Du bist ein leiser Junge und du hörst wirklich zu, wenn Leute reden. Das ist ungewöhnlich für dein Alter. Du wirst mit Sicherheit sehr schlau werden, aber ich kann mir gut vorstellen, dass all die Erinnerungen aus deiner Kindheit nur die Erinnerungen an die Erzählungen deines Vaters und deiner Großmutter werden. Ich kann mir gut vorstellen, dass du ihre Kindheit lebendiger vor Augen haben wirst als deine eigene. Deswegen mache ich diese Notizen für dich. Man vergisst sonst alles so schnell. Ich sehe dich viermal im Jahr und ich möchte dir so lange alles aufschreiben, bis du selbst schnell schreiben kannst.

Deine Großmutter und dein Vater haben beide die Gabe, wenn du das so nennen willst, alles, was sie erzählen, erzählenswert zu machen. Sie übertreiben maßlos, das kann ich dir sagen, weil ich bei den meisten Geschichten dabei war. Der stumme Zeuge, der nicht auftritt, weil er nicht übertrieben werden kann, weil er selbst nie die Ereignisse steuert. Nie zeugt, beziehungsweise nur einmal, auch stumm, und sonst nur bezeugt. Ich kann mir gut vorstellen, dass dir wegen dieser Übertreibungen dein eigenes Leben klein erscheinen könnte. Übertreiben wirst du sicher nicht. Vielleicht wirst du aber alles teilen können, so wie dein Frühstücksbrot, was auf eine andere Weise viel aus wenig schafft. Du machst bis zu zehn kleine Bällchen aus der weichen Mitte, isst zuerst die Kruste und dann ganz langsam noch den Rest. Du nimmst dir immer nur ein Stück Brot und eine Frucht beim Frühstück, obwohl alles im Überfluss vorhanden ist. Ich frage dich, warum du nichts auf deinem Brot haben möchtest, und du sagst, es schmeckt so besser, sonst schmeckst du das Brot nicht. Du hast recht, eigentlich. Ich nehme mir vor zu versuchen, so wie du Dinge einzeln und unvermischt zu genießen.

Auch habe ich das Gefühl, du isst dein Brot und alles andere nie aus Hunger. Du scheinst während unseres Urlaubs lange keine Bedürfnisse zu haben, keine Verlangen, nicht mal das Verlangen nach Genuss. Der Genuss scheint bei dir mit der Sache zu beginnen und zu enden. Du bist gern im Wasser, aber du gehst auch

gern wieder ins Hotel zurück. Ich hoffe, du behältst das bei. Ich selbst kannte immer nur die Sehnsucht und die Nostalgie, alles dazwischen war nicht erzählenswert.

Du fragst nie nach deiner Mutter, aber eines Tages möchtest du ihr eine Postkarte schicken. Du schreibst eine halbe Stunde. Du schreibst: „Liebe Mama! Opa und ich haben eine sehr gute Zeit. Das Meer ist schön, aber es gibt keine Muscheln für dich. Meine Haut ist sehr salzig. Vielleicht fahre ich mal mit dem Zug. Liebe Grüße von deinem Sohn." Vielleicht hast du die Karte noch. Sie ist mit Sicherheit irgendwo in einer der Schuhschachteln, deine Mutter ist eine Sammlerin. Sie hat ja noch deine Babyschuhe auf dem Regal, nicht weil sie noch auf ein Kind hofft, diese Erde ist ausgetrocknet, sondern als Erinnerung. Ich habe ihr schon gesagt, dass Gegenstände, die immer präsent sind, so wie alles in eurer Wohnung, gar nicht zu Erinnerungen werden können. Sie hört mir nie zu. Ich würde ersticken, wenn ich mit deiner Mutter leben müsste. Ich für mich selbst muss sagen, dass ich Erinnerungen nur in Gedanken ertragen kann – mein Atem stockt bei jedem Gegenstand.

Ich frage, wieso du dich „dein Sohn" nennst, und du erklärst mir, dass auch deine Mutter immer mit „deine Mama" unterschreibt. Dann zeigst du mir den Zug, über den ich dich auch gefragt habe. Es ist ein kleiner Zug für Kinder, er fährt seine Runden in einem kleinen Kreis. Es scheint so, als ob alle Kinder den Lokführer schon lange kennen, sie rufen seinen Namen und er ruft zurück. „Ciao Paolo", „Ciao Luca". „Ciao Paolo", „Ciao Sara", und sie winken auch, wenn sie nicht im Zug sind, sondern nur mit ihren Eltern

Kind sein heißt:

vorbeigehen. Der Zug ist immer voll, die Kinder, die keinen Platz bekommen haben, stehen mit ihren grünen Zugtickets am Bahnsteig, warten und winken, als der Zug vorbeifährt.

Du möchtest also auch. Hast du noch andere Wünsche, von denen du mir nicht erzählst? Du denkst eine Weile nach. Nein, nur das. Ich gebe dir das Geld für die Fahrkarte. Du sagst, du möchtest, dass ich mitfahre. Ich sage, es ist nur für Kinder. Dann sagst du ganz ruhig: „Dann will ich nicht."

„Aber du bist ein Kind und es gibt da viele andere Kinder, die allein mitfahren. Das schaffst du schon."

„Ich möchte nicht mehr, aber danke, Opa."

Deine Höflichkeit beeindruckt mich immer. Ich hätte mir nie gedacht, dass mich die Form allein so berühren kann. Ich frage den Lokführer, ob ich mitfahren kann. Er lacht und sagt, er weiß es nicht, aber ich kann es versuchen. „Also einmal Erwachsener und einmal Kind bitte", sage ich zum Spaß, weil ich nicht sicher bin, ob ich nicht gerade ausgelacht werde. Ich habe mir schon lange keine Sorgen mehr gemacht, dass ich ausgelacht werde, ich habe eigentlich geglaubt, dass es mir schon egal wäre. Aber ich habe jetzt ein Ticket für die Reise zurück in die Kindheit. Als wir dran sind, fragst du, ob wir hinten sitzen können. Ich steige mit dir ein und will mich niedersetzen. Die Bank ist unendlich tief unten, meine Knie stoßen an mein Kinn, aber ich glaube nicht, dass sie mir davon weh tun. Wir fahren fünfmal im Kreis, so lange dauert eine Fahrt. Ich versuche zu lächeln, aber du schaust mich die ganze Zeit etwas besorgt an. Ich bin eingequetscht, und das kann ich nicht verbergen, auch wenn ich

ab und zu jubelnd schreie. Ich glaube, du genießt es nicht. Ich glaube, du bist zu rücksichtsvoll, um wirklich genießen zu können. Vielleicht werden deine Freuden eher die einsamen.

Wie jedes Jahr frage ich dich, was du von Beruf werden möchtest. Damit du mal siehst, wie unbeständig das ist. Damit du verstehst, wieso jeder Mensch, egal, was er wird, immer sagen kann, dass er das schon als Kind werden wollte. Letztes Jahr hast du „Gärtner" gesagt, wenn ich mich richtig erinnere (ich habe meine Notizen leider nicht mit). Dieses Jahr sagst du „Lokführer, wie Paolo". Und warum? „Damit mich alle Kinder kennen und gern haben."

Also ist deine Einsamkeit vielleicht nicht ganz freiwillig. Vielleicht brodelt es unter deiner ruhigen Oberfläche. Was kann ich dazu sagen? Es wird sich nicht ändern, es wäre unfair und sinnlos von mir zu behaupten, dass man sich ändern kann. Die Blume wird schon im Samen bestimmt. Du wirst, vielleicht, wie ich, eine stille Sonnenblume, der die Sonne immer wieder den Kopf verdreht, die sich unermüdlich Tag für Tag nach ihr sehnt und erst, wenn vollkommen ausgetrocknet, den Kopf senkt. Richtung Erde. Die Erde ist für uns bestimmt.

Ana Marwan, geboren und aufgewachsen in Slowenien. Studium in Ljubljana und Wien, lebt heute in der Nähe von Wien. Die Bachmann-Preisträgerin 2022 schreibt auf Deutsch und Slowenisch, zuletzt erschienen: „Verpuppt" (2023).

Groß werden zu wollen. Früher oder später.

Kind sein heißt:

Dominik Heher

KIND SEIN HEISST:
GROSS WERDEN ZU WOLLEN. FRÜHER ODER SPÄTER.

„Erwachsen werden ist so eine barbarische Angelegenheit … voller Unannehmlichkeiten." So lässt der schottische Autor J. M. Barrie seinen literarischen Helden den Prozess des Heranwachsens resümieren. Konsequenterweise weigert sich Peter Pan, erwachsen zu werden. In seinen Worten spiegelt sich vor allem die Nostalgie erwachsenen Denkens, die Sehnsucht nach weniger Sorgen und Verantwortung.

◉◉ 199

Kindheit als Sehnsuchtsort scheint ein junges Phänomen zu sein, das erst mit den verbesserten Lebensbedingungen von Kindern in Wohlstandsgesellschaften des späten 19. Jahrhunderts auftrat. Davor sind Zeugnisse rar, dass sich Menschen in ihre Kindheit zurückwünschten. Der Kirchenvater Augustinus meinte gar, lieber tot umfallen zu wollen, als seine Kindheit ein zweites Mal durchleben zu müssen. Doch selbst heute, da die glückliche Kindheit als eines der höchsten Ziele menschlicher Existenz gilt, sehnen wir uns weniger nach real erlebten Umständen als nach der Summe mehr oder weniger verklärter Erinnerungen. Kaum etwas lässt uns nostalgischer werden als alte Spielsachen → **S. 199**. Umgekehrt sind wir von der Wiege an vom Ehrgeiz getrieben, immer mehr können zu wollen, zu wachsen, größer zu werden, wichtiger, selbstbestimmter. Auf der anderen Seite ist das Gras eben immer viel grüner.

Kindheit erledigt?

Dass sich heute viele Menschen in ihren Zwanzigern und teils noch in ihren Dreißigern nicht rundum erwachsen fühlen, hat viele Gründe, unter anderem eine längere Ausbildungszeit und spätere Familiengründung. Dazu kommt aber auch, dass es chic geworden ist, jung zu bleiben. Parallel dazu wurde die „Jugend", schon im 19. Jahrhundert als eigene Lebensphase zwischen Kindheit und Erwachsenenleben salonfähig gemacht, in den vergangenen 40 Jahren kontinuierlich in die Länge gezogen.

Können wir eigentlich behaupten, unsere Kindheit irgendwann abgehakt zu haben? Was unser Erscheinungsbild betrifft, sicher. In der Pubertät finden die vorerst letzten großen Umbauarbeiten unseres Körpers statt. Auch wenn der Übergang fließend ist: Irgendwann ist es so weit, dass uns Silhouette, Stimme und Behaarung unwiderruflich aus der Welt der Kinder in jene der Erwachsenen verschieben. Auch unser Verhalten und unsere Interessen ändern sich. Die Gesellschaft erwartet nun, dass wir volle Verantwortung für unser Tun übernehmen, weil sie uns zutraut, dass wir die Folgen unseres

Rassel mit Pfeife und Lutscher
Deutschland oder England,
18. Jh.
Bergkristall, Goldfassung,
20 × 7 cm
Ingolstadt, Privatsammlung
Heiner Meininghaus

Zur Beruhigung und Beschäftigung schreiender Säuglinge wurde vermutlich schon in der Steinzeit auf Rasseln zurückgegriffen. Auch die besänftigende Wirkung des Nuckelns wussten Erwachsene wohl bald zu nutzen: Mit Alkohol getränkte oder mit Mohn gefüllte Säckchen wurden ebenso erprobt wie verschiedene mehr oder weniger bedenkliche Materialien für Schnuller. Diese Kombination einer goldenen Rassel mit Pfeife und Bergkristall-Lutscher zählt jedenfalls zu den gehobenen Modellen ihrer Zeit. Feinste Spuren am geschliffenen Bergkristall deuten darauf hin, dass die Rassel zeitweise in Gebrauch war.

Handelns zur Gänze absehen können. All diese physischen, psychischen und gesellschaftlichen Veränderungen erfolgen fließend und beileibe nicht synchron. Nicht einfach also, selbst einzuschätzen, wie erwachsen man sich denn fühlt. Welche Parameter sind überhaupt für das Erwachsensein charakteristisch? Auf diese Frage kommen vor allem Antworten, die Verantwortungsgefühl und Selbstständigkeit unterstreichen, wie das Gründen einer eigenen Familie oder der Bezug der ersten eigenen Wohnung.

Es scheint also um Emanzipation zu gehen, um die Fähigkeit und den Wunsch, autonome Entscheidungen zu treffen. Der Drang zur Selbstverwirklichung taucht freilich nicht erst in der Pubertät auf. Wir nehmen die Emanzipation in dieser Phase nur stärker wahr, weil sie mit auffälligen körperlichen Veränderungen einhergeht und weil die Gesellschaft Jugendlichen schon mehr Entscheidungsfreiheit zugesteht. Tatsächlich formt sich unsere Persönlichkeit aber vom ersten Atemzug an. Unsere gesamte Kindheit ist ein Prozess der Selbstfindung und Adaptierung an die Welt.

Fallhut und Gängelband
Fallhut: um 1770, Seide,
Metallfaden, Werg, Leinen,
15 × 42 × 20 cm
Gängelband: 18./1. Hälfte
19. Jh., Seide, 65 × 45 cm
Nürnberg, Germanisches
Nationalmuseum, Nürnberg,
Inv.-Nr. T5682, T1679

Sobald ein Kind laufen lernt, ist es für Erwachsene schwieriger zu kontrollieren. Zumindest ab dem 16. Jahrhundert versuchte man, dem Freiheitsdrang durch Gängelbänder entgegenzuwirken. Sie wurden entweder direkt am Obergewand befestigt oder, wie in diesem Fall, um den Brustkorb gebunden. Dazu trugen Kleinkinder oft einen Fallhut, der ihren Kopf bei Stürzen schützen sollte. Als in der Aufklärung das Bild des zur Freiheit geborenen Menschen aufkam, schossen die führenden Denker der Zeit scharf gegen die aus ihrer Sicht menschenunwürdige Gängelung. Unter den Bezeichnungen „Kinderschutzhelm" und „Kinderschutzgurt" ist beides dennoch bis heute auf dem Markt.

Vom Egozentriker zum (hoffentlich) sozialen Wesen

Noch bevor wir uns unseres eigenen Ichs bewusst sind, machen wir lautstark auf unsere Bedürfnisse aufmerksam. Studien zeigen, dass Babys ihr Geschrei variieren, um Hinweise zu geben, was genau sie von ihrer Umgebung wollen → **S. 194**. Immer mehr beginnen wir zu begreifen, dass wir ein eigenständiges Wesen sind. Mit vier bis acht Monaten erkennen wir unseren Namen, ab etwa 20 Monaten dann auch unser Spiegelbild. Wir bemerken, dass wir nicht eins sind mit unseren Eltern, und beginnen, uns als eigenständiges Individuum wahrzunehmen. Spätestens mit dem Ende des vierten Lebensjahres sprechen wir von uns als „ich". Schon davor entwickelt sich der unwiderstehliche Drang, Dinge selbst zu tun. Nun auch zunehmend mobiler und mit geschärften Sinnen ausgestattet, locken uns die Reize der Welt. Dass uns Erwachsene an unserem Forscherdrang hindern wollen, beginnt uns zu frustrieren → **S. 196/97**. Allerdings frustriert es uns genauso, wenn wir unsere Vorhaben allein doch nicht umsetzen können. Eine verzwickte Situation. Die „Trotzphase" oder, euphemistisch, „Autonomiephase" setzt ein und dauert zum Leidwesen mancher Eltern oft bis ins sechste Lebensjahr. Ausgehend vom anglo-amerikanischen Sprachraum haben es zuletzt kreative Begriffsschöpfungen wie die „Terrible Two", die „Threenagers", die „Fucking Four" und die „Sassy Six" in Elternzeitschriften geschafft. Sie sind wohl der jämmerliche Versuch der Erwachsenen, das Gefühlschaos dieser Jahre greifbar zu machen, dem Monster einen Namen zu geben und sich so selbst die Furcht zu nehmen. Die Trotzphase ist nicht lustig, aber ungemein wertvoll für unsere Entwicklung, lernen wir doch langsam, mit unseren Emotionen umzugehen und uns zu kontrollieren, Aggressionen nicht an anderen Menschen auszulassen.

Und so bleiben auch die meisten von uns keine triebgesteuerten Egozentriker. Kaum nehmen wir uns selbst wahr, wollen wir uns auch an der Gruppe beteiligen. Schon im dritten Lebensjahr zeigen wir erste soziale Verhaltensformen, sogar Hilfsbereitschaft ist uns in die Wiege gelegt. Und selbst während der Hochblüte unserer Trotzphasen sehnen wir uns nach Geborgenheit und Zuneigung.

Mit jedem Schritt, den wir in die Welt hinausgehen, und mit jeder neuen Erfahrung schreitet die Emanzipation von unseren Eltern voran. Wir treffen andere Menschen, Freunde werden wichtiger. Unaufhörlich lernen wir, unser soziales Verhalten anzupassen, entwickeln Moral und werden idealerweise autonomer in unseren Entscheidungen.

Eine lange Reise

Worum geht es in unserer kindlichen Entwicklung, abseits des bloßen Wachsens und körperlichen Heranreifens, eigentlich? Wir lernen, uns selbst wahrzunehmen, zu verbessern und zu achten, die Menschen rund um uns zu respektieren, zu tolerieren und mit ihnen zu kooperieren sowie mit der Welt, die uns umgibt, zu interagieren und behutsam umzugehen. Doch auch in späteren Lebensjahren befinden wir uns in einem ständigen Prozess, in dem wir die Beziehung zu uns selbst, zu unseren Mitmenschen und zu unserer Umwelt ständig neu denken und mit uns selbst ausverhandeln müssen. Was sich mit dem Lebensalter verändert, ist das Set an Instrumenten, das uns dafür zur Verfügung steht. Doch geht es hier nicht um linearen Fortschritt, um konti-

◉◉ 194

◉◉ 196/97

Kind sein heißt:

nuierliche Verbesserung. Jedes Alter hat seine Vor- und Nachteile. Wir mögen Impulsivität gegen Selbstreflexion tauschen, aber ebenso Offenheit gegen Vorurteile und Unbekümmertheit gegen Hemmungen.

Aus dieser Perspektive ist unser Weg durchs Leben eine kontinuierliche Reise und kein Absolvieren von Etappen, die sich als „Kindheit", „Jugend" oder „Erwachsenenalter" definieren lassen. Und wie schon als Kind so oft erfahren, muss unsere Frage „Sind wir schon da?" verneint bleiben. Das heißt freilich nicht, dass wir uns nicht dann doch, früher oder später, „erwachsen" fühlen. Doch gilt es, sich auch im Erwachsenenalter so manche kindliche Eigenschaft zu erhalten. Um mit einem weiteren Zitat, diesmal aus Michael Endes „Unendlicher Geschichte", zu schließen: „Wenn wir ganz und gar aufgehört haben, Kinder zu sein, dann sind wir schon tot."

Märklin-Modelleisenbahn
1930er-Jahre
Blech, 10 × 70 × 6 cm
Artstetten, Erzherzog Franz Ferdinand-Museum, Schloss Artstetten

Da sich Modelleisenbahnen im Graubereich zwischen Spielzeug, Modellbau und Technik bewegen, gehören sie zu jenen wenigen Spielsachen, für die es eine große Fangemeinde auch unter Erwachsenen (meist Männern) gibt. Mit dieser Garnitur spielten einst übrigens die sechs Enkelsöhne von Erzherzog Franz Ferdinand im Schloss Artstetten. Eine völlig unbeschwerte Kindheit hatten freilich auch sie nicht: 1938 wurde ihr Vater Maximilian Hohenberg enteignet und für ein halbes Jahr im KZ Dachau interniert, weil er sich gegen den „Anschluss" Österreichs an Deutschland ausgesprochen hatte.

Groß werden zu wollen. Früher oder später.

„Kann ja sein, dass Erwachsene immer noch so denken wie Kinder"

Lukas S. (5)

Flora (8)

David (8)

Ella (8)

Können Kinder etwas in der Welt verändern?
ALLE *(ÜBEREINSTIMMEND)*: Ja!

Und was ist das?
ISABEL: Entscheidungen von anderen. Wenn Eltern zum Beispiel sagen: „Wir ziehen nach Chicago!", dann kann man sagen: „Ich möchte das nicht, weil hier alle meine Freunde sind ..."
JOSEFINE: Überhaupt das Denken mancher Menschen vielleicht. Oder auch etwas so ändern, wie sie es sich für die Zukunft vorstellen.

Wenn du die Möglichkeit hättest, etwas an der Welt zu ändern, was wäre es?
ELLA: Dass alle Kinder lesen oder schreiben lernen können und dass manche Menschen nicht mehr in armen Ländern leben müssen. In Afrika zum Beispiel gehen die Frauen kilometerweit, um Wasser zu holen. Das würde ich ändern.
JOSEFINE: Dass die Erwachsenen an unsere Umwelt denken.
ISABEL: Oder dass sie mehr von zu Hause aus arbeiten können.

Wenn du den Erwachsenen sagst, dass du gerne etwas verändern möchtest, hören sie auf dich?
ISABEL, FERDINAND: Nein!
JOSEFINE: Hängt davon ab. Wenn ich es zum Beispiel meinen Eltern sage, dann hören die manchmal auf mich. Aber man kann – zum Beispiel Thema Klimawandel – nicht einfach zu den Politikern gehen und sagen: „Bitte tut etwas für unsere Umwelt!" Dafür kann man nur kämpfen.

Ist euch das wichtig mit dem Klimawandel?
ISABEL: Ja, mir schon. Wenn es kälter wäre, hätten wir wieder mehr Schnee.
JOSEFINE: Ich möchte, dass wir noch lange auf unserem Planeten leben können und er weiterhin so grün und schön bleibt.

Gibt es etwas, worauf du dich freust, wenn du erwachsen bist?
ISABEL: Ich glaub nicht, dass ich erwachsen werden will.
JOSEFINE: Ich finde es schon sehr schön, Kind zu sein, und weiß auch nicht, ob ich wirklich erwachsen werden will ...

Kind sein heißt:

David:

Wenn wir Kinder die Bestimmer sind und den Erwachsenen was anschaffen können ...

Lukas S.:

... müssen die Erwachsenen tun, was wir wollen.

David:

Dann sind quasi die Erwachsenen die Kinder und wir dürfen schimpfen, so wie die Erwachsenen mit uns immer schimpfen.

Flora:

Oder sie müssen erlauben, dass wir Nintendo Switch spielen.

David:

Du meinst, dass sie sagen: „Du musst jetzt Nintendo Switch spielen, sonst hast du Fernsehverbot"?

Worauf ich mich freue, wenn ich erwachsen bin ...

Auto zu fahren
Entscheidungen selbst zu treffen
mehr bestimmen zu dürfen
Alltag selbst zu gestalten
dass der Ukraine-Krieg zu Ende ist
einen Führerschein zu haben
endlich Erfinderin zu werden
Fußballer zu sein
keine Schule mehr
länger aufbleiben zu können
machen zu können, was ich will
selbst ein Kind zu haben

ISABEL: Worauf ich mich aber freue: dass man über sich selbst entscheiden kann, dass ich mir überlegen kann: „Okay, was mach ich heute?" Man kann seinen Alltag selbst gestalten.

Etwas, was du dann gerne erleben möchtest ...
JOSEFINE: Ich würde gern viel in der Natur machen, vielleicht im Hobby Rangerin sein oder so.

Und machst du dir auch über irgendetwas Sorgen?
FERDINAND: Über den Klimawandel.
ISABEL: Und dass der Krieg vielleicht auch zu uns kommt.

Was können eigentlich nur Erwachsene, Kinder aber nicht?
CLARA: Erwachsene können Autofahren.
EMMA: Kinder können's wahrscheinlich auch, aber dürfen's nicht.
HELENE: Arbeiten.
VALERIE: Haus bauen.
CLARA: Vielleicht Alkohol trinken ...
VALERIE: Die dürfen es!

Was willst du dir denn vom Kindsein beibehalten, wenn du erwachsen wirst?
JOSEFINE: Die Freiheiten und das Denkvermögen. Wobei: Ich bin mir ja nicht so sicher, ob das Denken bei Kindern anders ist. Kann ja sein, dass Erwachsene immer noch so denken wie Kinder ...

Manche Kinder würden gern erwachsen sein, manche Menschen wiederum wollen ein Leben lang Kind bleiben. Warum?
LUKAS H.: Weil man mehr Dinge machen kann, wenn man nicht den ganzen Tag in der Arbeit ist.
ISABEL: Weil man in der Kindheit noch Spaß haben kann. Wenn man erwachsen ist, muss man vielleicht für seine eigenen Kinder sorgen und sich um vieles kümmern, und als Kind muss man das alles nicht machen.
ELLA: Man muss noch nicht so viel Verantwortung tragen.

Josefine (11)

Kind sein heißt:

Helene (6), Anna M. (11), Clara (11),
Emma (7) und Valerie (9)

Isabel (11)

Ferdinand (8)

Groß werden zu wollen. Früher oder später.

Wir merken, dass wir erwachsen werden, wenn wir

1. ein eigenes Haus oder eine Wohnung kaufen   64 %
2. Eltern werden   63 %
3. heiraten   52 %
4. Pensionsversicherung einzahlen   29 %
5. uns über einen Abend zu Hause freuen   21 %

Wir fühlen uns als Kinder, wenn wir

1. von unseren Eltern abhängig sind   42 %
2. noch bei den Eltern wohnen   36 %
3. Computerspiele spielen   31 %
4. Kinderfilme sehen   30 %
5. uns davor fürchten, Verantwortung zu übernehmen   28 %

Quelle:
www.independent.co.uk/news/uk/the-average-brit-doesn-t-feel-like-a-grownup-until-they-re-29-study-finds-10482689.html
(Datenbasis: Umfrage 2015 unter 2000 britischen Erwachsenen)

Kind sein heißt:

Zauber der Kindheit

Was ich mir aus meiner Kindheit bewahrt habe, gerne bewahrt hätte oder wiedererlangen möchte:

Die Vertragsstaaten stimmen darin überein, dass die **Bildung des Kindes** darauf gerichtet sein muss, **ⓐ** die **Persönlichkeit,** die Begabung und die geistigen und körperlichen Fähigkeiten des Kindes voll zur Entfaltung zu bringen; **ⓑ** dem Kind **Achtung vor den Menschenrechten** und Grundfreiheiten ... zu vermitteln; **ⓒ** dem Kind **Achtung vor seinen Eltern,** seiner kulturellen Identität ... sowie vor **anderen Kulturen** als der eigenen zu vermitteln; **ⓓ** das Kind auf ein **verantwortungsbewusstes Leben** in einer freien Gesellschaft ... vorzubereiten; **ⓔ** dem Kind **Achtung vor der natürlichen Umwelt** zu vermitteln.

Art. 29.1 a–e der UN-Kinderrechtskonvention (gekürzt)

Groß werden zu wollen. Früher oder später.

AUSSTELLUNG
„Kind sein"
13. Mai –
5. November 2023

Ausstellungsveranstalter:
Schallaburg Kulturbetriebsges.m.b.H.

Geschäftsführung: Peter Fritz,
Gabriele Langer

**Ausstellungskonzept und
wissenschaftliche Leitung:**
Dominik Heher

Ausstellungsarchitektur:
koerdtutech – Irina Koerdt,
Sanja Utech

Ausstellungsgrafik: bauerUND –
Gerhard Bauer, Katharina Lutzky,
Vera Reinecke

Illustrationen: Cristóbal Schmal,
Maike Hettinger

**Ausstellungs- und
Programmentwicklung:** Kurt Farasin,
Theresa Höfler, Birgit Schretzmayr,
Selina Tschanett, Franziska Winkler,
Judit Zeller

**Konzepte Kulturvermittlung,
Ausstellungsdidaktik und
Workshops:**
Marcel Chahrour
die ausstellungsmacherinnen –
Maria Prantl

Gesprächslabor: Oliver Jeschonek,
Julia Rappich

**Kommunikation und
Besucherakquise:** Klaus Kerstinger,
Erwin Klinglhuber, Stephanie Pfeiffer,
Harald Pichelbauer, Agatha Szostak,
Maren Waffenschmied,
Andreas Ysopp

Lektorat und Übersetzungen:
scriptophil. die textagentur

Werbegrafik: Gruppe Gut Gestaltung

Art Handling: Adaptiv Exhibition
Setup

Restauratorische Betreuung:
Eva Hottenroth, Ralf Wittig

Mediengestaltung:
zunder zwo – Renate Woditschka
Clemens Schmiedbauer mit
Fabian Altstötter, Jakob Barth,
Leo Lehner
flimmern GmbH – Susanne Hofer

Medientechnik: BablTech –
Roland Babl

Interaktive Stationen: Dominikus
Guggenberger

Beleuchtung: Lichtlounge –
Simon Plener

Facility Management: Stefan
Köninger

Haustechnik: Christian Baumgartner,
Andreas Fischlmaier, Stefan Jansky

Kulturvermittlung: Helmut Borek,
Georg Clam-Martinic, Julia Etlinger,
Christl Götz-Schmerscheider,
Alexander Greiml, Katharina Hackner,
Christoph Hudl, Michaela Hutterer,
Dagmar Ille, Florian Knoll,
Margarete Kowall, Florian Peter,
David Weiss

Besucherservice: Valerie Kleiser,
Katrin Mitterbauer, Hannah Schober

Ticketing: Irene Batsch,
Hermine Brandhofer

Personaladministration:
Lucia Mutenthaler

Veranstaltungen: Denise Schmatzer

Raumpflege: Waltraud Aigner,
Maria Luise Dier, Theresia Pleßmayr,
Anneliese Winkler

Garten: Eva Linsberger,
Regina Radlbauer, Florian Wenk

Aufsicht: Bettina Binder,
Ferdinand Bogner,
Florian Brandstätter, Karin Burisch,
Stefan Burisch, Peter Haberger,
Patricia Hehal, Anna Höfinger,
Hermann Lang, Elisabeth Mutenthaler,
Johann Öckmayer, Heidemarie Sederl

**Einbauten / Dekobau,
Grafikproduktion, Schlosser, Tischler:**
Winter Artservice
e.h.montagen Digitale Medien
Schlosserei Eichmayer
Tischlerei J. Pucher

Logistik und Kunsttransporte:
Kunsttrans Spedition
vienna arthandling

**Wir danken unseren
LEIHGEBERINNEN UND LEIHGEBERN**
Artstetten, Schloss Artstetten,
    Erzherzog Franz Ferdinand
    Museum
Baden, Puppen- und Spielzeugmuseum
Baden, Rollettmuseum und Stadtarchiv
    Baden
Berlin, Arts et Metiers
Eggenburg, Krahuletz-Museum
Eisenstadt, Esterházy Privatstiftung,
    Schloss Eisenstadt – Nachlass
    Prinz Louis Esterházy
Eisenstadt, Landesmuseum Burgenland
Grainbrunn, Röm.-kath. Pfarrkirche
    Grainbrunn
Graz, Universalmuseum Joanneum
    GmbH, Archäologie & Münzkabinett
Horn, Museum Horn
Ingolstadt, Deutsches
    Medizinhistorisches Museum
    Ingolstadt
Ingolstadt, Privatsammlung Heiner
    Meininghaus
Katsdorf, Karden- und Heimatmuseum
Klam, Burgmuseum Clam
Maria Taferl, Schatzkammer der Basilika
Melk, Stiftsbibliothek Melk
Melk, Zeller Privatsammlung
Michelstetten, Michelstettner Schule
München, Gisela Neuwald, München
Nürnberg, Germanisches
    Nationalmuseum, Nürnberg
Odernheim am Glan, Falko Daim
Saalfelden, HTL Saalfelden
Salzburg, Mozart-Museen der
    Internationalen Stiftung Mozarteum
Scharndorf, Kinderwagenmuseum
St. Pölten, Landessammlungen
    Niederösterreich
Waidhofen/Ybbs, 5e Museum
    Waidhofen an der Ybbs, „Sammlung
    des Musealvereins"
Waidhofen/Ybbs, Sammlung
    Kaltenbrunner
Wien, Belvedere, Wien
Wien, Bundesmobilienverwaltung,
    Silberkammer-Hofburg Wien
Wien, Kunsthistorisches Museum Wien,
    Antikensammlung
    Gemäldegalerie
    Hofjagd- und Rüstkammer
    Kunstkammer

Wien, MAK – Museum für angewandte Kunst, Wien
Wien, Naturhistorisches Museum Wien
Wien, Schloß Schönbrunn Kultur- u. Betriebsges.m.b.H.
Wien, Technisches Museum Wien
Ybbs, Dominik Heher

sowie privaten Sammlerinnen und Sammlern

Für Beratung und Unterstützung gilt ein besonderer Dank
Das Bunte Dorf/Michael Gruber
Ruth Divinzenz
Astrid Ebner-Zarl
Thomas Foramitti
Brigitte Geyrecker
Renate Habinger
Courtney Hilton
Stefanie Höhl
KinderKunstLabor/Mona Jas & Stefanie Fröhlich
Monika Kraus
Museumsmanagement NÖ/Ulrike Vitovec & Barbara Linke
Niederösterreich privat
Lisa Noggler
Elisabeth Nowak
Österreichisches Komitee für UNICEF – UNICEF Österreich
Mareike Schönle
Gottfried Schweiger
Spielzeug Museum, Salzburg/Karin Rachbauer-Lehenauer
Marjorie Taylor
Sabine Völkl-Kernstock
Waldkindergruppe Waldwiesel/ Laurenz Garschall
Marlene Zöhrer

Besonders bedanken wir uns bei allen Kindern, Interviewpartnerinnen und Interviewpartnern sowie Schulen und Kindergärten (BG/BRG St. Pölten, Klasse 4G1; Stiftsgymnasium Melk, Klassen 2A und 2D; Landeskindergarten Ybbs I), die an der Vorbereitung der Ausstellung mitgewirkt haben.

Für die großartige Unterstützung gebührt allen Mitarbeiterinnen und Mitarbeitern sowie den Autorinnen und Autoren unser außerordentlicher Dank. Groß war der Gewinn, den die diskursive und freundschaftliche Zusammenarbeit mit allen Projektbeteiligten brachte, die grundlegend zum Gelingen der Ausstellung beigetragen haben. Für diese großzügige Unterstützung möchten wir uns herzlich bedanken.

SPONSOREN
EVN AG
HYPO NOE Landesbank für Niederösterreich und Wien AG
Niederösterreichische Versicherung AG
Raiffeisen-Holding Niederösterreich-Wien
Wirtschaftskammer NÖ

MEDIENKOOPERATIONSPARTNER
Kurier
Niederösterreichische Nachrichten
Oberösterreichische Nachrichten
ORF Niederösterreich
ORF Ö1

Bildnachweis